见证生命，见证爱

著 路桂军

广西师范大学出版社
·桂林·

JIANZHENG SHENGMING, JIANZHENG AI
见证生命，见证爱

图书在版编目（CIP）数据

见证生命，见证爱 / 路桂军著. —桂林：广西师范大学出版社，2020.9（2024.11 重印）
 ISBN 978-7-5598-2975-7

Ⅰ．①见… Ⅱ．①路… Ⅲ．①生命哲学－通俗读物 Ⅳ．①B083-49

中国版本图书馆 CIP 数据核字（2020）第 122826 号

广西师范大学出版社出版发行
（广西桂林市五里店路 9 号　　邮政编码：541004）
　网址：http://www.bbtpress.com
出版人：黄轩庄
全国新华书店经销
广西广大印务有限责任公司印刷
（桂林市临桂区秧塘工业园西城大道北侧广西师范大学出版社
集团有限公司创意产业园内　邮政编码：541199）
开本：880 mm × 1 240 mm　1/32
印张：8.5　　　　字数：150 千字
2020 年 9 月第 1 版　　2024 年 11 月第 6 次印刷
定价：62.00 元
如发现印装质量问题，影响阅读，请与出版社发行部门联系调换。

序言一：生命的路况

王一方

国内知名医学人文学者

北京大学医学人文研究院教授

《医学与哲学》杂志编委会副主任

"路况"是路大夫的微信名，也是一种充满隐喻的人生境遇。人生的道路并非坦途，可能充满着艰险，有"十八盘"，有"一线天"，也有"仙人洞"；可能与不期而至的"黑天鹅""灰犀牛"迎头相撞。谁能把握人生的路况，谁就掌控了命运的缰绳。

肿瘤，尤其是各种恶性肿瘤，算得上是人生之旅的艰困路况。人常说最惨莫过于"屋漏偏逢连夜雨"，苦难的叠加效应最为可怕，不是一只黑天鹅、一头灰犀牛，而是一群黑天鹅和一伙灰犀牛朝着羸弱者扑来。难以忍受的躯体疼痛，无法驱散的心灵痛苦，拮据见底的家庭财力，癌细胞的狡诈与治疗效果的迟滞、反复，身心社灵的立体颠簸，医护的无力与无奈，亲友支撑与共情的耗竭，生命终点线逼近的恐惧、忧伤和沮丧，别离的不甘与不安，还有亲人离世后的悲怀难释与茫然无措……一股脑儿倾泻在早已疲惫不堪的患者与至亲身上、心头，令他们战栗、惶恐。

SOS！生命的路况危难，他们呼号，他们求救；然而，我们的医学应答与医生救助却只是单一通道的服务，提供的是纯技术化的干预。高消耗、高技术的尝试，或许可以暂时对付疾病因子的消长，却难以疗愈那些受伤的灵魂，这是现代医学的盲点与痛点。循证医学太偏倚生物学释因与干预，忽视了社会、心理和灵性的眷顾；精准医学立足于细胞组学、基因组学，眼睛只盯着靶点，失去了生命关怀的全貌。医学的前沿理论中虽然有对全人医学、多学科团队协同的呼唤，医学大师们也有叙事医学、整合医学和系统医学的倡导，但在专科化的临床视野日益限缩的趋势下，学科藩篱高耸，"只见树木不见森林"的治疗模式依然无法撼动，我们亟需实践理性的突围。

路大夫就是这样一位难能可贵的突围者，他凭一己之力，努力冲破藩篱，提供身心社灵的多元疗愈，书中的案例就是他前行的路标。驱动他前行的第一动力或许是丧亲的哀恸。二姐的离别之旅十分崎岖，陪伴、见证、抚慰、安顿的体验让他心灵觉悟。患者究竟需要什么，我们又能给他们什么，这不是教科书与SCI论文能覆盖与教诲的。他的动力或许也源自麻醉医生的职业训练，使他对躯体之外的意识、情感、意志、灵性格外敏感。疼痛绝非只是神经递质的紊乱与阻断，而是更为丰富的心理提示与社会、心灵的投射。止痛药物只能中止患者的躯体痛苦，而痛苦的意义追问、灵魂叩击、尊严维护，才是苦难转化的机枢。因此，麻醉医生被称为与灵魂对话的人,沐浴"灵然独照"的人。

品读路大夫的书,一定会真切感受到他的人格魅力和道德魅力,而非只是知识和技术实力。你的脑海中会蓦然冒出一些与医生身份不是很契合的角色设定:一个有故事的人,一个情感深沉的人,一个通达灵性的人,一个彻悟苦难、豁达生死且超然于技术之上的呵护者、关怀者。我期待有更多的肿瘤科大夫、麻醉科大夫,乃至全体医护人员也能有路大夫这样的觉悟与提升,那不仅是中国肿瘤患者之福,也是医患关系之福。

序言二：医生也要医死
——路桂军医生的阅读生命

赵可式
台湾成功大学医学院名誉教授
台湾安宁疗护推手

1993年，我从英美学成安宁疗护返回台湾后，有一天接到了南部成功大学医学院创院院长黄昆岩教授的电话："医学院的教育，必得探究生命！但我发现我们的教育课程内容，只教生、老、病，却没有教死！但医生又是面对死亡与临终最频繁的职业。我一直想在医学院尤其是医学系开一门生死学的课程，要找一位师资，不但在课室教学，更重要的是要床边带教，以身示范如何对待临终与死亡的病人及其家属。你刚学成回台湾，可以来成大任教吗？"就这样，我在成大开设了"医师与生死""从医学看生死"这两门课程，并在成大医院创办安宁疗护病房，为年轻医师及医护学生提供实习场域，亲身体验临终病人如何善生、善终，家属又如何善别！

"医疗是建立在科学之上的艺术。"这句话出自现代医学教育大师威廉·奥斯勒 (William Osler) 之口。过度重视医学知识的获取和疾病的诊断与治疗，而忽略生命中也有死亡与不完美之处，人类亦有无可避免之脆弱，当过去救赎人类生命脱离病痛与死亡的一贯信念被撼动时，谁来解释科技也有技穷的时候呢？谁来教导无助、无意义感的年轻医师呢？这样的状况使得在生老病死不断反复上演的临床情境中，医师们常显得手足无措，或将病人的临终及死亡视为医疗的失败，因而产生许多负向感受，甚至影响他们未来对待类似情境时的态度或行为，导致恶性循环。这些负向感受常在第一线的医护人员身上发生，如：震撼感、失败感、无助感、无成就感、无奈感、无力感、挫折感、不忍感、害怕感、矛盾感、倒霉感、烦躁及麻木、忧郁、惋惜与遗憾、不知所措、逃避为上策、无言以对，等等。反之，当因自己的医治照顾，病人虽未痊愈而死亡，家属却仍万分感激此前的照料时，医护人员就会产生许多正能量及正向感受，如：意义感、满足感、喜乐感、幸福感、骄傲感，等等。医师们从此会更热爱自己的工作，且会从"职业"转化成"志业"！过去，台湾医界的重点一直放在救命和治病上，对于"命无法救，病不能治"的病人，其实一直欠缺思考，或缺乏好的政策。但自从安宁疗护引进台湾并大力推广后情况已大幅改善！

民众对医师的要求常是"视病如亲"，但若医师真的将每一位病人都视为自己的亲人，病人痛医师也痛，病人死了医师哀伤，那么医师怎能正常生活呢？当医师以职业的态度面对病人的临终与死亡时，又被抱怨成"麻木不仁"。医师难为啊！很少有人能深入了解当医师经历病人的死亡,以及自己亲人的死亡时所经历的情感。"死亡"在中华文化中长久以来是一个禁忌议题,虽然媒体上报道死亡的新闻颇多,但在人们的日常生活与社交场合中,若谁打破此禁忌,定成为不受欢迎者。

然而路桂军医生在本书中深入剖析了这个禁忌议题,他说:"我有时也会将生命教育,称之为阅读生命。在阅读别人人生的过程中,在一个个故事的讲述中,我们不断与患者进行信息交换。这些信息纷繁芜杂,因为每一个患者在生命尽头考虑的问题是不同的。他们拥有不同的人生,不同的阅历,他们所面临的问题也远远高于我作为一个医生所能关注到的任一地方。毕竟,我们都没有亲身经历过死亡。"但他却经历了自己二姐的死亡!家人撕心裂肺的痛,他是亲身感受的!

路桂军医生在本书中书写的内容包罗甚广,破题是从"何为死亡"开始,挑战了禁忌议题,也吸引了关注此话题读者的兴趣。第二章则为路医生最擅长的专业领域:疼痛与死亡相伴相生。作为一位疼痛科专家,非常了解现代人畏惧痛苦有时更胜于死亡,他那句贴切的名言:忍痛是软暴力,也因此使他从麻醉科走向疼痛治疗,在此章特别说明了有关疼痛的知识。台湾有些医院已经将"无痛医院"作为卖点。在"我见证了太多死亡,也见证了太多爱"一章中,路医生描述了病人生动的生命故事,他说:"作为医生,我感恩有机会聆听他们的生命历程。"这就是现代西方在医学教育中注入的"叙事医学",在聆听病人的生命历程中,体验到有人味的医学!下一章是描述"在文化与信仰中安置自己的哀伤",我想这是华人文化中最弱的一环,只要听到人们安慰丧亲的家属说"节哀顺变""要坚强、要勇敢",这些刚好都是违反哀伤抚慰的禁忌话语,

- 07 -

就知道华人社会在这一个领域还待努力！华人社会长久以来是家文化影响一个人的临终决策，而西方讲求个人主义，路医生在"我自己和我的家庭，哪个更重要？"一章中对此问题有很好的说明。"安乐死与自杀"是现代世界都很关注的议题，本书有精辟的着墨。在很多国家的生命教育课程中，会放入"死亡冥想"（death imagery）的练习，作者在"从现在起，想象一次死亡"的章节中也提到了！最后，路医生在篇章中画龙点睛："我所理解的生命教育"及"如何进行生命教育？"，深入浅出剖析了主题。

作者路桂军从1992年第一次接触病人的死亡，到饱尝自己二姐死亡的切肤之痛，中间有许多咀嚼反省，本书是他数十年的智慧精华，他说："医生要有俯瞰人生的能力！"希望此书能作为医学生的必读参考书，如果医学教育中，大都教的是"医学科学"而不教授生命，那么当年轻医师遇到病人的临终与死亡时，会不知所措，他们的内心震撼，是很少被提出来讨论的，老教授们也不觉得这需要被教。"每位医师都是这样走过来的！""习惯就好了！"因此"震撼感"的初心，被压抑、被忽视，一代传一代，等这一代医师长大后，又用同样的态度对待下一代年轻医师。现在路桂军医生将职业和志向融为一炉，并将生命教育作为志业，在医疗界真可谓先知性的人物啊！

序言三：关于临终、死亡和悲伤，我们需要更多的书写和交谈

朱莉娅·塞缪尔（Julia Samuel）
英国丧亲儿童基金会创始人
悲伤心理治疗师
《悲伤的力量》（Grief Works）作者

能够为路教授的书作序，我感到非常荣幸。2019年，我在北京举办了关于我的作品《悲伤的力量》在中国出版的研讨会，很高兴那时与他见面。令我激动、也令我有些惊讶的是，尽管我们的家庭、文化和生活背景相隔万里，但我们对于面对死亡和悲伤的重要性有着一致的理解。我们都相信，当我们面对死亡时，真实和爱是我们从专业人士那里需要的关键组成部分。

路教授书中所写与我在西方的所见所闻十分相似，即关于临终、死亡和悲伤，没有足够的书写和交谈。如果我们要在情感上得到支持，以应对得知最终诊断结果时所面临的困难挑战，我们需要在多年前身体还健康时就进行这些公开的对话。在我们生活的这个复杂世界里，家庭分离，以及我们对死

亡天生的恐惧，意味着人们可能会因害怕而孤独地死去。路教授几十年来与临终患者相处的丰富经验告诉我们，事实并非如此。在许多临终事实发生的不同情形中，他描述了什么能帮助我们，什么在阻碍我们，也唯有爱，才能温暖我们的心灵。

通过路教授讲述的那些在他工作中遇到的感人而又真实的故事，我了解到他的医术是从中国的传统文化中汲取力量的，再与最好的医学科学相结合，并通过他发自内心的悲悯表现出来。对中国传统文化作用的洞察，是路教授从事临终关怀工作的基础，充满了他作为一名医生的人文关怀及其熟练的医学实践，在抚慰痛苦和悲伤方面，具有启发性和鼓舞人心的作用。

我相信这本书对于任何想要更好地了解自己对死亡的态度和恐惧，或是想与自己所爱之人交流的人来说，都是有价值的。书中充满了实用和可学习的信息，我们所有人都将从中受益。

我相信，任何读过这本好书的人都会发现，面对自己的死亡，或是面对自己所爱之人的死亡，他们会有更多的勇气、信心和爱。

We Need More Writing or Speaking about Dying, Death and Grief

I am very proud to be writing the foreword to Professor Lu's book. I had the great pleasure of meeting him at the symposium on grief on the publication of my book, *Grief Works*, in Beijing in 2019. I found, to my delight, and somewhat to my surprise, that despite the thousands of miles that separates us from our homes, culture and background there is a united understanding on the importance of facing death and grief. We share the belief that it is both truth and love that are the key components that we need from professionals, and with each other, when we face death.

Professor Lu echoes my experience in the west that there is not enough written or spoken about dying, death and grief. If we are to be supported emotionally to manage all the difficult challenges of having a terminal diagnosis, we need to have had these open conversations years beforehand, when we are well.

In the complex world we live in now, with families separated, as well as our natural fear of death, means people may die frightened and alone. Professor Lu's immense experience through the decades of working with dying patients shows us this does not have to be the case. In many different environments, he demonstrates what helps us, hinders us and that it is only love that 'can warm the soul.'

Through Professor Lu's moving and powerfully truthful stories of those he worked with, I learned that his skill as a Doctor is drawn from the roots of Chinese traditions, woven with the best medical science and expressed through his heartfelt compassionate being. This insight into the role of traditional Chinese culture as a foundation of Professor Lu's practice, imbued with his humanity as well as skilful practice as a Doctor, in soothing pain and grief, is illuminating and inspiring.

I believe this book would be as informative and valuable to any individual who wants to understand their own attitudes and fears of death better, or wishes to communicate to those they love, as it would any professional in the field. It is brimming with practical as well as educational information that all of us would benefit from.

I believe that anyone who reads this wonderful book will find they have more courage, confidence and love in facing their own death, and the death of those they love.

Julia Samuel MBE
Founder of the Child Bereavement UK
Psychotherapist
Author of Grief Works

给二姐的一封信

二姐：

  我想你了。

  你离开我，已有一年的光景。你长我两岁，我们在20世纪70年代的一个传统家庭中相伴成长。你突然离去，才让我意识到"有姐姐陪伴的成长是如此的幸福"，可惜这样的后知后觉现在已无法与你分享。

  20世纪70年代的河北中部，生产力低下。孩童时期眼中的父母总是无休止的忙碌，爸爸或是在修水库，或是在生产队和工厂忙碌，很少出现在我的视野当中。妈妈除了白天挣工分，晚上还要做几个孩子的衣服。我的童年除了家、育红班[①]，年

[①] 托儿所、幼儿园、学前班等单位在特定历史情况下的称呼。——编者注

迈的奶奶、两个姐姐之外，就剩下陪我成长的一条狗了。大姐长我5岁，由于年龄带来的差距她总不带我玩。可是你就不同了，你的朋友小平、老茯全都是我的朋友。小时候家里重男轻女，这种观念仿佛是基因里携带的。吃饭时姐姐们从不抢我的炼乳和馒头，她们安静地吃自己的粗粮。每每想起这些点滴小事，总是我泪奔的触点。后来我懂事了，就常常给你买衣服，我希望姐姐漂亮。在我眼里，能够让姐姐漂亮的衣物就是美丽的，可以与亲人分享的美味就是美食。

你小的时候胖嘟嘟的，做事认真、笃定、很有个性，也很有姐姐范，以至于奶奶多年后还在夸你8岁就能挑水这件事。那时候因为民用电做不到24小时供应，所以在我们孩子眼中，傍晚变得昏暗而略带恐怖。在无数个漆黑的夜晚，大姐陪奶奶住，而你，陪我蜷缩在家里等妈妈回来。如果清早起来妈妈不在，也是你拉着我到田间地头找她。生活就这样在安静平实中展开，我们在成长的烦恼中也渐渐长大。

当女孩青春期开始对"女红"感兴趣的时候，你和大姐为我织了七件毛衣，现在我都还记得，我的小伙伴们很羡慕我的毛衣。就这样，在姐姐温暖的庇护下，我成年了。我们各自有了家庭，也忙碌了起来，虽然沟通较少，但每当在生活或是工作上遇到不顺，你和大姐总能给予我母亲般的关切与嘱咐。

可是，2016年年初，二姐你病了，确诊肝癌那天是正月十六，你的生日。身为医生的我惊愕到不知所措，带你寻遍了所有能寻到的专家，听到的结果却是："路大夫，你我是同行，真的没什么努力空间，你是明白的。"

那一刻的挫败感让我愤怒，四十年的泪水仿佛顷刻溢满了泪囊。那段时间我变得敏感、脆弱，随便谁问一句"你姐怎么样？"我都会忍不住落泪。

疾病太无情了，它不因为你的弟弟是医生就有丝毫忌惮，我虽竭尽全力仍不能留住你渐行渐远的生命。那段时间我不止一次拷问自己，要我这个弟弟有何用？我的医术救不了你，温良从医二十年却换不来留下姐姐的善报。

我愿意倾尽所有为你救治，但二姐你却说"我有自己的家庭不能花你的钱……"姐姐啊，你还记得我当时是怎么劝说你的吗？你是有自己的家庭，有自己的丈夫和孩子。可是，你背后还有一个更大的家庭，这里有老爸、老妈、大姐、我和小弟，你不能忽视我们的存在，你对我们同样很重要。病中的你或许没发现那一刻我扭曲的表情，我不能再说了……我不想你为我难过！

你的病情日渐笃重，我被通知回家探望。那时，火车风驰电掣，窗外风景快速在我眼前闪过，一切正如成长的一幕幕让人无法把握。我的泪水一刻都没有停止过，我从未意识到你对我来说这么重要，二姐我们还能见一面吗？我在心里虔诚默念……除此以外我不知道还能做什么。

走进病房，你的病情确实越来越重了，在我眼前的你浮肿羸弱，面色惨白，目光浑浊，头发几近掉光，意识模糊，躁动不安。有人告诉你"桂军来了！"你喃喃重复"桂军来了……"我叫一声姐姐，你迟缓回应，竟然不知道哪个方向转头能看到弟弟！那一刻我失声痛哭……

谢天谢地！接下来的专家联合会诊，二姐你又清醒了。我很珍惜这短暂的幸福，便安静地坐在你的身边。手机里正播放着儿时常听的《收姜维》，你说，真好听。那一刻，仿佛又回到儿时的餐前饭后。

相守总是短暂的。做了这么多年安宁疗护、生死教育的我，按说成了当事人应该驾轻就熟地践行，能让你走的安宁。但是拉扯在感性和理性之间，我的灵性困惑依然突出且尖锐。你说还有很多事要做，希望还能活五年。可是我无法告诉你生命只剩几天，你说接受不了做了所有努力病情却日渐沉重，只能躺在床上的结果；你说后悔生了二胎不能陪伴孩子成长；你告诫妈妈要锻炼身体，跟姨去接触信仰（我知道你是希望信仰能带妈妈走过哀伤）；你希望孩子能在北京上大学，因为那里有舅舅；你希望小弟尽快稳定；你惦记大姐买房……你甚至对我说：你是医生，别人生病都是你在忙，等你有事了可咋办？

8月16日那天，我和大姐、姐夫守在你身旁。你的心率持续走低，血压也难以维持。伴随着监护仪上最后一次心电闪烁，我们知道，你走了。大姐撕心裂肺喊着你的小名，姐夫忙乱拨打电话，我木然僵硬地抱着大姐的肩膀，就这样看着安静的你，我知道你有很多不舍……爸妈来了，妈妈不信你走了，流着泪说："你怎么可以忍心自己走？"爸爸神情黯然，走到你身旁，轻抚了你的额头，嘴角抽动，缄默不语……

时光依然在继续。人们都说想要远离哀伤就不要去触碰哀伤之人事，但亲情是无法割舍的，永远不会走远。这一年来，在某些场景中我总会想起你。任由思绪飞扬，重温旧时光里姐姐的温暖，眼泪就不自觉地掉下来，我知道那是对你的怀念。

恰逢出差，路上难得有一份闲暇，望着窗外风景快速掠过，我知道你就在远方……我想问问你，你还记得这个世界吗？

弟弟：路桂军

目录

序言一：生命的路况 // 01

序言二：医生也要医死——路桂军医生的阅读生命 // 05

序言三：面对临终、死亡和悲伤，我们需要更多的书写和交谈 // 09

给二姐的一封信 // 13

第一章 | 何为死亡？

> 人的死亡就像人的出生一样，经过了几百万年的演化，是有自然流程的。

一个意外的死亡事件 // 3

第一次触碰到死亡 // 7

如何理解死亡？ // 9

我们对死亡的误解 // 17

死亡的过程究竟是什么样的？ // 21

死亡的价值 // 25

第二章｜疼痛与死亡相伴相生

对"疼"和"痛"的理解，是一个极其个人化的感受。但是当理解了死亡与疼痛相伴相生，就会明白，死亡同样是疼痛的一种诱因。

何为疼痛？// 29

疼痛的程度如何界定？// 33

接触到癌痛患者 // 37

为什么肿瘤总会引发疼痛？// 43

忍痛未必是一种美德 // 47

死亡与疼痛是一对双生儿 // 51

从麻醉科走向疼痛治疗 // 57

第三章｜我见证了太多死亡，也见证了太多爱

在临终过程中，如何让临终更符合人文精神，这是我们做生命教育的医生对现代医疗模式发起的一种挑战。

轻轻告慰，亲密接触 // 63

化解患者的死亡焦虑 // 71

抱紧我 // 77

一个富豪的临终愿望 // 81

如果能早去两天，我们一定能改变孩子的生活轨迹 // 83

"我爱你。" // 85

我想死在妈妈的怀抱里 // 91

父亲，如果能够早点读懂你 // 93

听着京剧，他善终了 // 97

和儿子聊一聊吧 // 101

妈妈，我早已长大了 // 111

赤裸着身体，与父亲拍下合影 // 115

我相信有另一个世界 // 117

第四章 | 我们在文化与信仰中安置自己的哀伤

中国的传统文化、殡葬文化以及信仰，可以帮助丧亲家属在 72 小时的哀伤顶峰期内安置自己的哀思。

中国的传统文化与人的 72 小时哀伤 // 121

殡葬是一种抚慰哀伤的文化 // 125

信仰的力量 // 129

第五章 | 我自己和我的家庭,哪个更重要?

每个人临终之前,都会在个人利益与家庭利益之间进行博弈。他们往往并不是单单考虑自己,而是将自己的角色融入家庭当中去衡量。

家文化,影响一个人的临终决策 // 139

一个成功的样本 // 143

一个失败的案例 // 147

生命的决定权在谁手里? // 149

如何整合个人利益与家庭利益? // 153

第六章 | 安乐死与自杀

安乐死是一种个人意志,但安了谁,又乐了谁?自杀是一种个人行为,却为何引发了家庭失衡?

到底什么是安乐死? // 159

自杀与安乐死 // 163

自杀从来不是一种个人行为 // 167

第七章 | 从现在起，想象一次死亡

那些罹患肿瘤的患者，都有一个相似的心路历程。从心理层面，都会经历失落崩溃、反省重塑、重建自我、生命排序的过程。

你有没有想过何时会死去？// 171

对生命待办事宜进行排序 // 173

设计死亡场景 // 179

学会坦然等待死神的降临 // 181

优雅地做最后告别 // 183

第八章 | 我所理解的生命教育

死亡教育并不是告诉你什么时候死都可以，而是告诉你，当你遇到危险事件的时候，内心应该多一份理性，少一份惶恐。

肿瘤患者的治疗价值 // 189

我也曾怀疑过生命教育的意义 // 193

生命教育的最佳时机 // 197

死亡教育的真谛就是爱的教育 // 201

我在生命教育中的成长 // 205

第九章 | 如何进行生命教育？

> 生命教育，锻炼的是医生俯瞰人生的能力，引导患者接受现状与痛苦，尝试与疾病共存，引导其实现人生与人性上的成长。

医生要有俯瞰人生的能力 // 211

不要刻意向患者隐瞒病情 // 217

降低痛苦的级别 // 225

从谈论"他死"到"我死" // 229

尊重个体的不同诉求 // 233

生为患者疗伤，死为逝者代言 // 235

尾声 // 239

后记 // 243

/ 第一章 /

何为死亡?

一个意外的死亡事件

2019年清明节，我正在河北老家休假。此前，我接受了《健康报》《生命时报》等媒体的采访，谈论了关于生命教育和临终关怀的话题。那天早上，我看到有很多媒体都在转载我的采访，还有些沾沾自喜。上午10点45分左右，我收到一条短信，一名我曾经救治过的46岁的患者在自己老家浙江省某地跳楼自杀了。

我是治疗疼痛的医生，也是一名生命教育工作者，而我的病人却选择了跳楼自杀，这对我来说仿佛是一种嘲弄。这表明我的治疗没有解决实质性问题。我马上买了一张机票，从石家庄正定机场飞往那位逝者的家乡。我急切地想搞清楚有哪些环节出了问题。

抵达之前，我与逝者的爱人通了一次电话。接到我的电话，他的爱人号啕大哭："路大夫，你知道吗？你曾经是我们全家的希望。能接到你的电话，真的谢谢你。我觉得我们内心的伤痛，你能理解，毕竟你见证了这么长时间以来我们家发生的各种情况。"

到达逝者家之后，我先见到了他的姐姐和姐夫。逝者的姐姐是当地一所医学院附属医院的药房主任，他的姐夫也在医院工作。

他的姐姐见到我之后说的第一句话就是："路大夫，咱们非亲非故，很感激你在我弟弟去世后不远万里飞过来送别他。你在那么好的医院工作，怎么就没能把他的病治好呢？你要是把他的病治好，就不会出这样的事了。"

这是一个相当尴尬的场景。我并不清楚问题出在哪里。之所以亲自过来，正是想了解究竟发生了什么。这对于逝者来说可能已毫无意义，但对我接下来的工作，对我今后许许多多的患者，却非常重要。

面对逝者的亲属，我只能说："确实很遗憾，对不起。"这句"对不起"，我说得很勉强。其实我并没有什么过错，但在那样的场景之下，我愿意这样表达。

这位46岁的逝者，病症是肛门会阴区疼痛。但在自杀之前，他的疼痛已经缓解了大约80%，可是他依然选择了离开。

遗体告别仪式上，逝者的妻子哭道："老公，你昨天晚上跟我说晚安，今天早上就跳楼走了，你怎么让我心安？"逝者的弟弟也在痛哭："你只比我大一岁半，我从来没有喊过你'哥哥'，没想到第一次喊你一声哥哥是在你的葬礼上。"

逝者的领导也说："在单位里，你帮上携下，很多荣誉都是你赢得的。为什么不说一声就走了呢？"他的朋友也非常多，有很多好哥们儿来送别他。在这群哥们儿中，逝者是大家心目中的大哥、大暖男。朋友们哭诉："你帮助我们解决了那么多问题。你到底经历了怎样的伤痛，我们却浑然不知。"

在当地，逝者是一位非常知名的导演。葬礼当天，亲朋好友送来400个花圈。在我眼中，他只是一个普通的病人，在一个不该就这样选择死去的时间点，他跳楼自杀了。直到亲自参加他的葬礼，我才知道他是如此受人尊敬。

很多亲朋好友将逝者的离去归因于抑郁症，"他肯定抑郁了，否则的话，他怎么会死呢？"根据了解到的情况，我并不认为是抑郁导致了他的死亡。简单将死亡归咎于抑郁症，是一种不负责任的行为。亲人离世的缘由，是"抑郁"两字能完全概括的吗？在我看来，他周围的亲人并不真的理解他。他姐姐说，前天打电话的时候他还好好的。同事们也在说，大家还约着一起喝酒。他的儿子只有9岁、10岁的样子，还不知道父亲去世了，也没有参加遗体告别仪式。

在没有人理解的情况下，人会非常孤独，十分痛苦，他找不到倾诉的对象。跳楼前的几天，4月1日，他给我打过一次电话。他唯一的倾诉对象竟然是远在千里之外、没有血缘关系的医生。

我站在葬礼现场，觉得自己来得很有必要。这让我切切实实感受到了死亡。面对这样一位逝者，我已经无能为力，但知道自己接下来会对生命更加尊重。那一刻，我觉得尊重生命绝不是一个空泛的口号。这种对生命的尊重，并不取决于患者的地位和成就，并不是说患者是一个伟人，我们才应该尊重。相反，哪怕他是一个不被人喜欢的人，甚至有重大过失的人，只要他是一个人，当他的生命走到了尽头，作为医生，我们都应该带着悲天悯人的情怀来认真对待。

第一次触碰到死亡

作为一名医生,这当然不是我第一次接触死亡。我见过了太多死亡,也几乎每天都在谈论关于死亡的事情。但是,第一次接触死亡的经历,仍令我终生难忘。

1992年,我还在医学院实习的时候,遇到了一个年轻的女性患者,她和我年龄相仿,未婚,二十多岁的样子。她患上了流行性出血热。在她生命的最后时刻,身体状况非常糟糕。消化道广泛出血,且出现了凝血机制障碍,血会不停地从她的嘴里往外流,她只能躺在床上。因为担心她口中的血呛到呼吸道,医生要求她必须侧着头。这个患者在临终前一直盯着我看。其他医生后来调侃:"小路,这个姑娘没结婚,没准是看上你了。"那是我实习时见到的第一个死亡的患者,哪里还会想她是不是看上我了,我内心只有恐惧,恨不得没有目睹这次死亡才好。即便现在回想起来,我还能马上找回当年那种恐惧的感觉。在她濒死的那一刻,她眼睛瞪得大大的,死盯着一个点在看。

过了很久,当我在工作的过程中接触到的案例越来越多,逐渐对死亡有了清晰的认知后,我发现死亡之所以与恐惧相伴相生,源于我们对死亡的不了解、对其从未有过彻头彻尾的思考。而了解死亡,能够消除我们内心的疑惧。

如何理解死亡？

死原本指骨肉分离，而亡则是被忘记的意思。

在中国的传统文化中，不同人的死亡有不同的表达方式。比如帝王死叫"驾崩"，驾崩有山体崩塌的意思，从上而下的崩塌无法再复原，意味着改朝换代。皇后、诸侯、王子的死叫"薨"，最简单的一个理解是一群觅食的鸟儿，忽然一哄而散。"薨"字上边一个比，下边一个死，原本的含义是大臣或将士们中箭后缓缓倒下。

民间老年男性过了60岁自然死亡，被称为"寿终正寝"，死后遗体要安放在厅堂之中；老年女性的死则被称为"寿终内寝"，遗体要安放在卧室之中。不同年龄段的年轻人离世被称为少殇、中殇等。

现代社会，我们对于死亡的简单理解是生命体征的消失。死亡是具有普遍性的，它的出现是有原因的，呈现出不可逆的状态。当一个人的生命体征不存在了，他也就与这个世界告别了。然而，如果单纯把死亡理解成一个人从社会上消失了，也并不完整。在我看来，死亡是生命的另一种状态。如果我们从更丰富的层面去理解的话，就会发现死亡是一种社会现象，代表着某些社会关系的终结。

2017年年底，电影《寻梦环游记》在国内上映，广受好评。这部电影从三个层面解释了什么是死亡：第一个层面是生物层面，心跳呼吸停止就是死亡；第二个层面是个人从社会上消失，下葬即为死亡；第三个层面是所有记得你的人都忘记了你，你才彻底消失了。

西方很早就开始研究死亡，最早出现的是对死亡的哲学性思考。在现代医学产生之前，我们常常会看到古希腊、古罗马时期的思想家对生死问题的一系列讨论，这些讨论有一大部分是在追问生死的意义，属于形而上学；也有一部分是与当地的一些习俗有关，当然也是与神灵等一些神秘事物相关。那时，人们认识世界的方式就是这样，对死亡的认识也是如此。随着人们对自己所处世界的观察越来越细致，认识这个世界的方式也越来越成为某一个学科的基础。达尔文提出的进化论使人们开始以哲学之外的视角来看待事物的存在，而不仅仅依靠许多形而上学的观点，这是近代生物学发展的结果。人们开始从个体本身出发去思考死亡的奥秘。也就是在那时，人们开始意识到生命的宝贵。

20世纪初，就有人提出了"死亡学"一说，这是一门从各个层面研究死亡的学科，涉及的领域十分广泛。发展至今，它回答的是人们最关心的问题，也是人们最困惑的问题：死亡的原因究竟是什么，人们在面临死亡时抱着怎样的心理，临终者的内在经验如何，等等。而其中所涉及的问题也使得许多学科开始关注死亡学，比如医学、心理学、生理学、社会学、法学等。

20世纪中期，现代医学技术有了突飞猛进的发展，尤其伴随应用技术的发展，人们的寿命有了不同程度的延长，对生死问题的认识上了新的台阶，对死亡的定义也在不断更新。

传统的死亡定义是心脏停止跳动或是呼吸停止。但是医学临床实践一次又一次地打破人们对死亡的传统认知，因为患者的心跳、呼吸等都可以通过药物或设备加以延续，以暂时维持他们的生命体征。这里不得不提到一个著名的案例——美国昆兰案件。

1966 年，21 岁的美国女孩昆兰由于饮用酒精和镇静剂混合物陷入昏迷，一直靠呼吸器维持心跳、呼吸等生命体征，通过打点滴给身体输送营养。直到 1975 年，作为昆兰监护人的父亲提出自己有权同意撤除昆兰的一切治疗，即他决定放弃那些对女儿无谓的治疗手段，他认为这并无意义。但是新泽西州高等法院的一位法官不同意昆兰父亲的做法，认为他没有权利决定他人的生死；另一位法官站出来反驳，说父亲作为监护人有权终止一切治疗，因为这样的治疗没有丝毫意义。最后，昆兰的呼吸器还是被取走了，但她并没有死亡，还恢复了自主呼吸，却依然处于昏迷状态，靠着打点滴维持身体营养的供给，并一直打抗生素抵御感染。最终在 1985 年，昆兰离世。

这个案件在当时引起了轰动，除了作为一起生命伦理案件，它还引发了国际对于死亡标准的重新讨论，一个人的生命到什么程度可以被判定为"死亡"？1968 年，美国哈佛医学院特设委员会发表了一项报告，把死亡定义为：不可逆转的昏迷，或"脑死亡"。同时制定了符合脑死亡的四条标准。

一个真实案件引发了美国医学界对死亡标准的重新设定。在这之后，欧洲一些国家，以及我们亚洲的一些国家，比如日本，在临床医学上也跟进了对死亡定义的标准，同时加上了一些患者共有的临床特征。很快地，在世界范围内对于死亡的认定标准以"脑死亡"为依据。

20世纪80年代，西方医学界，尤其是临床医学开始了大范围对死亡态度的研究，对死亡的定义也描述得越来越精确。

法律上对死亡的定义更关注一个生命还有没有存在的价值和意义，需要医生开具明确的死亡诊断书，具有法律效力。

我们也不能忽视社会学角度对死亡的定义，因为人是生存于整个社会之中，一定与整个社会的文化息息相关。比如最常见的葬礼，不同的国家有不同的葬礼形式；同一个国家的不同地方，葬礼的差异也很大。这背后都隐藏着不同的生活环境和文化。

哲学家对死亡的定义就如我之前提到的，常常关注生死的本质、意义等。他们对死亡的态度是"未知生，焉知死"，只有好好对待自己的生命，才能知道死亡是怎么一回事。

在这个基础上，作为一个在中国文化背景中成长起来的医疗工作者，我认为应该从以下五个层面去理解死亡。第一个层面是生命体征的消失，心脏停止跳动，人没有了呼吸，心电图变成了一条直线。第二个层面是文字层面的理解，死亡是永远的离开。第三个层面是心理学方向的认知，死亡就是一个人对死亡事件产生的情绪反映，比如说我的亲人去世了，我怎么看待这件事，我的内心产生了怎样的冲击，以及随之而来的哀伤情绪等。第四个层面是从哲学和宗教的角度出发，死亡是一体两面的，没有生就没有死，没有死也就没有生。所以，中国有"出生入死""视死如归"这样的成语。出来是生，归去是死，它们是辩证统一的。第五个层面是在社会学和死亡哲学上来说的，死亡是个人身份和关系的结束，比如我与这本书的某一个读者是生活中的好朋友，我死去之后，我的身份终结了，我们之间的关系也就结束了。

死亡是一个普世问题，每个人早晚都会面对。当我们从以上这五个层面对死亡进行深入理解之后就会明白，一个生命的逝去并不仅仅要处理生物层面的死亡，还需要处理心理层面、社会层面以及哲学层面的死亡。等到这些层面的死亡都处理完毕后，逝者才会与这个世界达成某种和解。面对死亡，我没有遇到哪个人能够做到超然。很多人看起来很超然，但其内心深处一定有伤痛藏得很深，不为外界所懂。这其实更加痛苦。

我在北京治疗过一位患者，是一个领导干部，七十多岁，罹患肿瘤。他有三个女儿，轮流陪他看病。整个治疗基本止住了他的疼痛，但他仍然有一些不适。

有一次，他来找我看病。我询问他的症状："感觉怎么样？"

"感觉还行，但总有些不舒服。"老人这样回答我。

"你也完全了解你的病情，那还有什么放不下的吗？"

老人家坐在轮椅上，哈哈大笑："路大夫，我戎马一生，经历过这么多事情，当了这么多年领导，你觉得我还有放不下的吗？"

他说这番话的时候，给人一种居高临下之感，看淡生死，俨然站在了制高点上俯瞰人生。这种病人我经常会遇到。

我追问他："真的都能放下吗？"

他告诉我，大女儿和二女儿都安排得很好，三女儿事业有成。可是，他还是有放不下的人。他放不下他的老伴。

"其实，我这一辈子都没有瞧上她。到了这个时候，最放心不下的却还是她。她的人生几乎都是由我在主导。等我走了之后，她的生活该如何安排啊？"说着说着，他掉下了眼泪。我在这眼泪的背后，看到了他真实的自我。

"当所有的困惑聚在一起的时候，你希望找谁倾诉？"

"我希望向母亲倾诉，可是她已经不在了。"

作为一个古稀老人，他的父母早已过世了，可是这社会、这生活不允许他示弱。面对死亡，他只有让精神强大起来，他只能去逞强。

这位患者和我治疗过的很多患者一样，在社会上有着不错的身份和地位，但是摆在他们面前的现实却也十分残酷，他们正面临着死亡最大的诡异之处：你生前追求的所有财权名利和社会尊严，在死亡的那一刻会变得毫无价值。之前拥有的越多，死亡的时候失去的也越多。尽管患病时，病人依然拥有闪亮的头衔，比如主任、专家、教授等，但濒临死亡之时，这些头衔只是些虚无缥缈的东西。他原来向整个社会输出正能量，担任抚慰和引领的角色，现在却变成了索取的一方，只能被别人照顾，还需要负重前行。这时，病人如果没有得到很好的抚慰、倾听和引领的话，因身体疼痛而导致的崩溃以及内心的失序，会令他彻底绝望。这种绝望足以把一个人带走。

我们经常将人生比喻成一本书，有些人是鸿篇巨著，有些人是小叙事散文，还有些人是精美的随笔……但是不管是何种文体，我们都希望这本书有始有终，有一个完整的结尾。但现实情况往往是生命戛然而止，很多人根本没有机会对自己的人生进行一个很好的总结。

有一位作家朋友告诉我："我的人生像一本书，有很好的开篇，很好的高潮，但到尾声阶段，行文却特别仓促，几乎是凌乱的。身体的疼痛，导致我寝食难安。我根本无法把思绪整理清楚，整个人简直成了断壁残垣。实现圆满完结仿佛是一件无法办到的事。"

我们对死亡的误解

死亡虽然很普遍，但是对普通人来说，他们依然觉得非常遥远。我们经常说来日方长，但是一旦来日并不方长的时候，我们的心里就会有一种局促不安和惶恐的感觉。如果对生命有正确认知的话，我们都知道没有人会长生不老。面对生死这个问题，如果人们能普遍接触到生命教育的话，他们便能够更加理性地看待。我们之所以对死亡充满恐惧，是因为我们并不了解它。

对死亡的恐惧与焦虑虽然属于个人体验，但也反映出人们对死亡的一种态度。国外很早就开始了对死亡焦虑的研究，1998年北美护理诊断协会为其下了一个定义：死亡焦虑是指个体因意识到死亡的存在或面对临终而感到不安、忧虑和害怕的状态。这种焦虑会被人们转化成各种心理状态而具有一定的隐藏性。美国加州大学的唐纳德·I.坦普勒教授早在1967年就研制了一个死亡焦虑量表（Tmpler-DAS,T-DAS），人们可以通过这个量表自测对死亡的焦虑程度。目前北京大学肿瘤医院暨北京市肿瘤防治研究所护理部的杨红等人在跨文化的基础上将其调适成了中文版量表[①]：

死亡焦虑量表

条目	非常同意	比较同意	不确定	不太同意	非常不同意
1．我非常害怕死亡					
2．我很少想到死亡					
3．人们谈论死亡时我不会感到紧张					
4．我想到自己要接受手术治疗会害怕					
5．我一点也不害怕死亡					
6．我不是很害怕患癌症					
7．我从来不会因想到死亡而烦恼					
8．我常常为时间过得飞快而痛苦					
9．我害怕痛苦地死去					
10．关于死后的话题令我非常困扰					
11．我很害怕心脏病发作					
12．我经常会想生命如此短暂					
13．当听到人们谈论世界末日时，我会吓得发抖					
14．我看到遗体会毛骨悚然					
15．我对于未来没有什么可恐惧的					

[①] 杨红，李艳琳，姚秋丽，等．中文版死亡焦虑量表的应用及对死亡教育的启示[J]．护理学杂志，2013,28(21):64-67．

这张表中设置的问题可以比较准确地测出一个人死亡焦虑的程度，表格的方式是按照李克特量表①的形式设计的，通常测评人们对某些问题的不同态度以及态度的强弱。可以看到表的最上方有非常同意、比较同意、不确定、不太同意、非常不同意这5个认同程度，人们可以根据表中的不同问题测定自己的态度是强还是弱。死亡焦虑因人而异，是一种特别主观的情绪，人们在不同的时间也会有不同的感受，所以这个表格设计得比较贴近人们的实际情况，这里面的每一个条目都容易理解，对于不同的人群都能较为深入地挖掘其对某个特定主题的看法。

那么人们为什么会害怕死亡，或者人们为什么会对死亡产生恐惧或焦虑？这种恐惧与焦虑来自很多方面，就目前我们医务工作者共同研究探讨的，主要分为以下几个方面：首先是对死亡未知的恐惧。因为不知道死亡究竟是怎样的，感觉死亡会带来神秘可怕的景象。其次是对生命局限性的无可奈何。害怕拥有的一切将会消失，害怕失去控制自我命运的能力，害怕因为死亡而失去对生活的憧憬。第三是对亲人的担忧。害怕自己的死亡会对身边亲近之人产生打击，不论是经济上、心理上，还是身负的责任上。在某种程度上，中国的传统文化更强调这种责任感。

---

① 评分加总式量表最常用的一种，由美国社会心理学家李克特于1932年在原有的总加量表基础上改进而成。该量表由一组与某个主题相关的问题或陈述构成，通过计算量表中各题的总分，可以了解人们对该调查主题的综合态度或看法。——编者注

中国人受传统文化的影响很大，对生命教育的认知程度尚待提高且存在误区，常常认为生命教育就是对患者不管不顾，这会让其陷入不义不孝的舆论旋涡。

到目前为止，整个社会缺乏正统的死亡教育。各种期刊、杂志、新闻媒体所展示和呈现的死亡，大多令人恐惧，很多是站在社会评判的角度来描述死亡的。比如一些伟人去世，电视画面无一例外呈现的是风雨大作、雷电交加，或是秋风萧瑟。而对于一些十恶不赦的坏人，影视作品在呈现他们的死亡时，往往是大快人心的场景。

在日常沟通中，我们也习惯把死亡作为惩罚性事件来描述。从小，我们便听着这样的话："你是不是想'死'？打'死'你……"大人都是用这种方式来恫吓孩子的。人们听到的，往往就是这样的负面描述，人们了解到的死亡，对应的是恐惧和惩罚的方式。而一旦真正面对死亡，对所有人来说都是全新的话题。

在中国，有两件事不能提：第一是性，认为它是肮脏的；第二是死，认为它是不吉利的。大家可能谈了很多死亡事件，但从未谈过你死、我死。我们从来不会预设自己的死亡。这种对于死亡的禁忌，本身也是恐惧在人们心中的投影。

死亡的过程究竟是什么样的？

如果正常的自然规律和现代医学能为人们展示整个死亡过程的话，其实我们会看到，死亡并没有那么可怕。人的死亡就像人的出生一样，经过几百万年的演化，是有自然流程的。每个人出生的时候，经过产道各种机转，把羊水吐出来，肺复张以后，新生命便正式来到了这个世界。

生命终结的时候，其实也有它的一般规律。人濒死的时候会进入一种消耗的状态。最先丧失味觉，这时减少体内营养的摄入，可以降低消化道的负担。紧接着会有发烧、恶心、呕吐、腹泻的症状，这会进一步减少体内的水分，降低身体代谢负担。再到后面可能会出现缺血缺氧，昏昏沉沉或是嗜睡，睡眠的时间会越来越长，患者逐渐在睡眠中就不知不觉走了。这就是大概的死亡过程。

我的一位病人罹患肿瘤后，特别伤心。他觉得自己活不了太长时间了，感觉无比绝望。我们医院的心理科教授，知道我在做死亡教育方面的工作，让我与这个患者谈谈心，对其进行心理抚慰。我的本职工作是一名疼痛科医生，见到他之后，便首先从症状切入话题，询问他："最近疼痛吗？"

他告诉我非常疼，对生活影响非常大，"疼得都不想活了"。这个时候，我引领着病人，切入对死亡的思考中。

"你真的不想活了？考虑这个问题多久了？"我这样问他。

"三个月了。"

"那这三个月的时间，你有没有想一些办法，来达到这个目的？"我其实很想问他，有没有切切实实考虑过死亡。

"我是一个特别要强的人，不想跳楼，不想死得血肉模糊。我想过吃药，但又不是医生，害怕药量掌握不好，等我吃了自以为的最大剂量，要是没死成，被你们抢救过来了，我如何面对你们呢？我也想过割动脉，第一我找不到利器；第二如果我割不准，疼半天，又被你们发现了，该怎么办？我还想过绝食，但是天天被逼着吃东西。"

这个时候，我问他："死亡的过程你知道吗？"

"不知道。"

我向他描述了死亡的具体过程："人到了濒死的时候，首先丧失味觉。比如我之前特别喜欢吃西瓜，到了这个阶段，却一点都不想吃了，看见西瓜没有任何食欲。这是人的功能性退化。随着功能性退化，身体日渐消瘦，因为了不增加肠胃负担便不摄入营养了，仅剩的血液会供应到心、脾、肾等重要器官。最后人就在睡眠中离世了。"

听了我对死亡的描述之后，这个患者告诉我："如果死亡是这样的话，我愿意配合。"

由于对死亡的过程缺乏了解，导致很多人的行为并不妥当。亲属不忍自己的亲人过早离世，坚决要特别积极地治疗。在患者无法进食的时候，以各种方式喂进去，但喂进去之后，因为胃肠道功能本身在衰减，患者会出现恶心的症状，也很容易引起肠梗阻，他们只会更加痛苦。

作为医生，应该尊重自然规律。在生命尽头，既不加速死亡，也不延缓死亡，让生命自然走向终点。

死亡的价值

对于一个完整的生命过程来说，死亡是非常有价值的。

正因为有了死，我们才可以重视生。在谈论这个问题时，我经常举下面这个例子：当我们喝水时，我们会认为水取之不尽、用之不竭，从来不会珍惜每一滴水。我们在日常生活中，洗脸、冲厕所，各种用水都没有节制。当有一天，我们知道水将要枯竭的时候，我们就会去珍惜，珍惜每一滴水。同理，当我们知道生命即将要结束的时候，对当下的时间会更加珍视，让每一分钟都发挥最大的作用。在事业上更高效，在感情上表达更充分，不希望人生留下任何遗憾。

每个人的死亡经验，几乎都来自周围的亲朋好友。在处理亲朋好友的死亡事件时，我们在很多场合都会接受死亡教育，从我们自身理解死亡来说，是很有帮助的。

比如我的一个亲友，他在告别这个世界之前，列了一个表格，将所有要做的事情都列在这张表上。他一直觉得尚有时日去处理这些待办事项。某一天，他突然离世，走得十分匆忙。他遗愿清单上的很多问题无法得到解决，很多愿望也没有实现，他带着终身遗憾告别了这个世界。

如果我参与了他人生中的最后阶段，我就会知道应该怎样去处理我的遗愿清单。从这个角度来说，每个人从这个过程中都能获得成长。

/ 第二章 /

疼痛与死亡相伴相生

何为疼痛？

如前文所述，死亡的过程并不一定会带来疼痛。但是，很多罹患肿瘤的患者往往被痛苦折磨得痛不欲生。在某种程度上，当身体患有疾病时，疼痛与死亡往往是相伴相生的。

但是想要搞清楚双方之间的关系，我们首先需要知道何为疼痛。尤其是想要在现实生活中理解疼痛，考虑到不同的社会文化会影响人们对疼痛的认知，这时我们需要将其放在中国的传统文化中去理解，而不是仅仅从字面上进行解释。

"疼"和"痛"这两个字非常有意思。我们随便搜索一下，网页中就会出现很多与之相关的成语：痛心疾首、痛哭流涕、悲痛欲绝、痛改前非、痛定思痛……这些成语无一例外用的全都是痛。

在什么情况下，我们才会使用"疼"呢？比如，好了伤疤忘了疼。这说明，疼和痛是有区别的，疼是躯体上的，而痛则是心理上一种不愉快的感受。有一个患者曾经反复问我："路大夫，疼痛和痛苦是一回事吗？"患者问出这样的问题，让我很受触动。2009年的时候，我指导一个研究生研究的课题就是"疼痛和痛苦之间的关系"。借此机会，我和学生对疼和痛进行了深入探讨。

"疼"是一个病字旁，里面一个"冬"。所谓病字旁，它代表一个人患了病，靠在墙上或卧在床上。冬是寒冷的，是四季的终结，表明一年到头了。它们合在一起，所表达的意思就是疼，疼得靠在墙上、倒在床上，并在寒夜里苦苦支撑。

关于痛，我们在日常生活中也经常会用到"痛苦"和"痛快"这两个词。它们表现了两种极端，前者是极端的痛苦，后者是极端的畅快。痛和苦放在一起，变成了一种难受的感觉；痛和快放在一起，则变成了一种特别爽的感觉。

除此之外，痛苦里面也包含着时间的概念。从痛苦的程度来说，痛可以把时间拉长，苦也可以把时间拉长。我举这样两个例子：你这个月赚了一万块钱，第一周就花完了，那剩下的三周时间，你日子会过得很苦；一个晚上可能只有6个小时，睡一觉就过去了，但是昨晚某人牙疼，他这一晚就像过了60个小时一样。痛和苦都可以把时间拉长，让人觉得暗无天日，变得难熬。

痛快，形容的是一种非常愉快的感受。快，就是快刀斩乱麻，把痛快释放出去，让你获得一种超凡的体验。这些都是中华词汇告诉我们的知识。人们常说：长痛不如短痛，短痛不如阵痛。这句话中使用的痛，也包含着时间的概念，同时体现了一种状态和一种感受。当疼和痛一起出现，表明了不仅是躯体上有一些困难，精神层面上其实也存在困扰。从文化内涵的角度切入，我们能够对"疼痛"有更全面立体的认识。这里我举一个方言的例子。

重庆地区的朋友很少会用到"疼痛"这个词。他们一般用"恼火"来代替"疼痛"。他们找医生看病的时候,会说:"大夫,我的头很恼火,肩膀很恼火,腰很恼火。"北方的医生刚开始去西南地区会诊时,遇到这类患者,往往无法理解病人说"肩膀很恼火"到底想要表达什么。

当接触的案例多了,听病人讲得多了,医生发现所谓的恼火就是疼痛。恼火这个词恰如其分地反映了一种感受:不仅仅是躯体上的疼,还包括了情绪上极度不愉快的体验。

1997年,国际疼痛研究会给疼痛下了这样一个定义:痛是一种实际或潜在组织损伤引起的躯体不愉快的感觉和情感体验。不愉快的情感体验其实是内心层面的。患者因为疼痛,会变得特别烦躁,无法安静下来。当面对这样的病人时,医患双方很容易发生争吵。同样被疼痛折磨的患者之间也容易发生摩擦。

随着医学技术的发展,如今人们能够从更为科学的角度来理解疼痛。2010年国际疼痛研究会对疼痛的定义进行了补充,认为疼痛是实际或潜在组织损伤所引发的包括感觉、情感、认知和社会成分的痛苦体验。感觉、情感层面的痛苦,比较好理解,我们在前文也举了实际的例子。疼痛与认知层面还有着直接的关系,这可能令很多读者不解。

下面,我用一个小朋友的例子来具体阐释。一个儿童患上了儿童肿瘤,生病之后,他出现了严重的腹痛。但是,这个孩子在向医生和家长描述的时候,却说他腹部特别痒,痒得受不了。这令主治医生大惑不解。他们就请我过去一起会诊。我看到小朋友存在局部肿胀、大便不通等症状，同时又有强烈的躲避反射，面部还有痛苦的表情，他所表达的应该就是一种痛觉。

孩子为什么会感觉自己痒呢？与他的母亲沟通之后，我了解到，孩子年龄比较小，只有七八岁的年纪，并没有经历过什么创伤。在他很小的时候，他妈妈带他去打预防针，为了鼓励他不哭不闹，就告诉他："打针一点都不疼，只是有一点点痒。"

所以，小孩自从记事开始，就把痛的感觉定义为痒。这就是认知层面的反映。不仅儿童对疼痛的认知存在偏差，一些成年人也存在这样的情况，往往将疼痛灾难化。面对疼痛，一部分人可能表现得更加积极乐观，但大多数人都会以自己独特的方式进行解读，这不可避免会导致认知上的偏差。

除了个人身体上的疼痛，还存在着社会层面的痛苦。所谓社会层面的痛苦，更多体现为不被社会所理解，没有自我归属感。我们经常会在新闻报道中看到有一类人，热衷于碰瓷，本来车辆在大街上顺畅行驶，或是停在十字路口处等待红灯变成绿灯，这些社会行为不端的人便瞅准时机朝车子撞去，或是干脆躺在车前，说自己腰疼、头疼，要去医院做检查。这时，只要对方给了足够的钱，这些人立马就不疼了。这一类人无法通过个人能力获得社会资源，才选择以这种方式来表现痛苦。

这就是我对疼痛粗浅的认知。我从事医学这个行业的时间越来越久，也逐渐发现投入的精力和患者给你的回报是相匹配的。在工作中，患者教会了我们许多。在治疗过程中，我们应该读懂患者的机体疼痛，同时也要想办法去了解患者内心的痛苦。

疼痛的程度如何界定？

疼痛究竟如何分级？疼痛的体验是非常个人化的。从医学上来说，没有任何一种仪器能够查出一名患者到底是疼还是不疼，因为每个人的痛阈并不完全一致。

但是，我们尝试在医疗上做得更加规范。为此，我们对疼痛的阈值进行了一个界定：一点都不疼记作 0 分；痛不欲生，或是实在难以忍受的疼痛被界定为 10 分（孕妇分娩时的阵痛阈值除外）。这种测量疼痛的方法被称为疼痛数字评分法（Numerical Rating Scale, NRS），也称痛尺。最早是由英国科学家布津斯基和梅尔扎克等提出，目前临床应用广泛，是术后疼痛机构诊治大量患者时最易使用的方法。如今也已经广泛应用于癌痛患者的诊治当中。这种方法是用数字 0～10 代替文字来表示疼痛的程度。将一条直线等分为 10 段，按 0～10 分次序评估疼痛程度。书写方式为：在描述过去 24 小时内最严重的疼痛的数字上画圈。

0　无痛

1-3　轻度疼痛（疼痛不影响睡眠）

4-6　中度疼痛

7-9　重度疼痛（不能入睡或者睡眠中痛醒）

10　剧痛

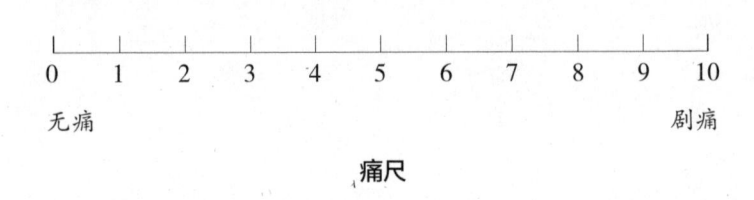

```
0   1   2   3   4   5   6   7   8   9   10
无痛                                    剧痛
```

痛尺

当面对疼痛患者时，我们会让患者自我评定，通过自身感受来告诉我们他的疼痛处于何种程度。这种评定疼痛等级的方式，主要面向可以通过语言表达的患者人群。对于那些无法通过语言表达的人群，比如小朋友，我们会通过观察他们的面部表情来进行测定。面部表情量表由 Wong-Baker 提出，这种量表采用的是 6 种面部表情——从微笑到悲伤再到哭泣来表达。对于儿童和意识不清的成人、老人，都可以使用，具有人文关怀。

0	2	4	6	8	10
无痛	有点痛	疼痛轻微	疼痛明显	疼痛严重	疼痛剧烈

Wong-Baker面部表情疼痛评估量表

疼痛的临床评估，往往有几个基准线，比如参照疼痛数字评分法，分为轻度疼痛、中度疼痛和重度疼痛。我们一般将三级以下的疼痛定义为轻度疼痛。一般来说，不会影响到患者睡眠的疼痛会被归为轻度疼痛。比如，某个患者感到腰疼，但是躺在床上就睡着了，醒来之后发现腰不疼了。这就属于典型的轻度疼痛。中度疼痛则会影响进食与睡眠。重度疼痛就是那个痛感每时每刻都会困扰你。

在临床过程中，当我询问患者现在感觉疼痛是几分时，有些患者能够准确表达出4分、6分或者7分。但是，有些患者因为疼的时间比较长，长期沉陷在痛苦的感觉中，不自觉会有夸张成分。为了避免信任危机，他们往往会夸大疼痛的程度。

这样的患者往往会告诉我："大夫，我的疼痛是10分。"如果我们把疼痛的阈值提高到11分，他也会告诉你他的痛感达到了11分。遇到这种情况，我们需要进行矫正评分，患者本身的疼痛可能只有3分，却被他夸大到7分，或是8分。医生如果按照患者的描述对其用药，药量可能就过了，这容易引发新的问题。

在进行疼痛的矫正评分时，我有一套行之有效的办法。我往往会询问病人："你的睡眠怎么样？"如果一个病人说他的疼痛评分为9分，甚至10分，但是睡眠质量挺好，那么我们马上就知道他的疼痛一定在3分以下。疼痛本身就包含着躯体和心理这两个层面。只有通过界定疼痛值这种可被量化的方式，我们才能为患者准确地找到痛点，进行针对性治疗。

接触到癌痛患者

在对疼痛没有具体理解的那些年里，到底什么是疼痛，医学上还没有形成统一的概念。中国有个成语叫"无关痛痒"，意思是与自身利害没有关系或无足轻重，不痛不痒，想做什么就能做什么，处于一种比较舒服的状态。

我最初开设疼痛科门诊的时候，引发了很多人的不解。人们对于疼痛缺乏准确的认知，甚至我的同事都在问我："什么疼痛都能找你吗？头疼有可能是高血压引起的，腹痛可能是阑尾炎导致的，你也能看吗？"

为此我们费了不少口舌。其实，我现在对疼痛科的理解是疼痛科称得上全科。医生在看患者疼痛病症的时候，首先需要分清他们患的是什么病，如果是阑尾炎导致的腹痛，应该转交给外科继续治疗；如果是高血压引起的头疼，就需要转交给心血管科和神经内科。

疼痛科的工作开展并不像刚开始想象的那么顺利，但是对于不知是什么原因引起疼痛前来就诊的患者来说，非常有帮助。根据统计，每天前往医院就诊的患者，几乎接近一半是因为疼痛。这是因为疼痛是一种预警信号。高血压有可能引发头疼，肺炎、咳嗽可能引起胸疼，阑尾炎能够诱发腹痛，腰椎间盘突出会导致腰腿疼。这些疼痛作为预警信号，可以告诉我们身体的某个部位可能出问题了，需要我们及时关注。如果疼痛长时间存在，则会给人带来强烈的困扰。

疼痛科的第一责任就是高级别的分诊。我们需要分清楚患者疼痛的来源，而后将其由疼痛科转到具体的科室。与此同时，我们的另一大责任就是缓解病人的疼痛症状，提高他们的生活品质。

但是，有一种疼痛，是任何一个科室都无法、无力处理的，那就是癌痛。癌痛常常被人们忽视。癌痛是癌性疼痛的别名，一般晚期癌症患者的痛苦都来源于此。癌痛有一个很明显的症状体征是全方位的疼痛。"全方位疼痛"一词最早由一位英国的护士西塞莉·桑德斯（Cicely Saunders）所创，强调癌症患者的疼痛是诸多因素作用的结果，包括身体、心理、精神和社会等。这位护士是一位了不起的女性，她于二十世纪六七十年代倡导和推动了安宁疗护的发展。这里有必要讲述这个故事，因为这个故事里充满了爱。

桑德斯1918年生于英国，1940年接受训练成了一名护士，后来因为身体原因无法再担任护士的工作，在1947年转修社工学分成为了一名社工人员，继续在医院照顾病人。也就是在这一年，桑德斯和她照顾的一位癌症病人戴维建立了友谊，她爱这个朋友，也因为看着朋友的疼痛帮不上忙而心急。这时桑德斯有了一个主意，她准备为癌症病人建立一个更像家的地方，能让他们好好养病，而不像在医院里那样恐惧。1948年,她的朋友戴维去世了。此后,桑德斯奔走在呼吁关照癌症病人的一线。在她33岁时,才进入医学院,40岁终于成为一名正式医师。1963年,桑德斯开始修建医院,1967年,医院落成,名叫Hospice,旨在为身患绝症、长期疾病和慢性疼痛的患者解除、减轻痛苦和不适症状,让其尽可能享受生命最后几周或几个月的平和、温暖、没有痛苦的生活。[①]至此,这样的理念和医院模式在全世界开了花。

我们再说回癌痛。根据世界卫生组织(WHO)2018年公布的数据,2018年全球新增的癌症患者达到了1 810万人,新增癌症死亡人数为960万人。中国的新发病例数380.4万例,死亡病例229.6万例。通过计算,可以得知我国占据全球癌症新发病例数的20%以上。而在全世界的新发癌症患者中,30%~50%伴有疼痛,60%~90%的晚期癌症有不同程度的疼痛。根据国家卫健委在全国范围内的癌痛现状调查结果,我国癌痛发生率为61.6%,其中50%的疼痛级别为中度至重度,30%为难以忍受的重度疼痛。有相当一部分癌症患者的疼痛没有得到有效缓解。

早在1982年,世界卫生组织就提出,到2000年让全世界的癌症患者达到无痛的目标。21世纪的最初十年,WHO将其定为"攻克疼痛"的十年。2001年,第二届亚太地区疼痛控制研讨会提出消除疼痛是基本人权。2002年,第十届国际疼痛大会达成共识,将疼

[①] Aimsw M A. St. Christopher's Hospice[J]. 1967.

痛列为第五生命体征。

但是就目前的状况来看，疼痛，尤其是癌痛的问题依然没有得到全方位解决，人们对疼痛的认知仍然停留在过去，很多患者在某种程度上依然在忍受这种痛苦。

任何肿瘤患者到医院看病，不论是医生、护士，还是病人家属，都会在潜意识中达成一种共识——如何让患者活的时间更长。我接触到的很多肿瘤末期的患者，其肿瘤虽然被暂时控制住了，能短暂维持生命，但他们过得痛不欲生，甚至生不如死。

更普遍的是，癌症患者到了后期无法进行手术，接受放疗化疗也变得毫无意义，任何科室都不愿接收这种患者了。这个时候，癌症末期患者除了生活看不到希望，还饱受着身心疼痛的折磨。疼痛成了患者治疗过程中面临的主要问题。我们在临床中发现，所有恶性疾病带来的不舒服感觉中，疼痛是一级刺激，没有几个人能够忍受得了长期的疼痛。麻醉科医生能够给癌症末期患者带来希望。他们去麻醉科接受治疗是非常有帮助的，因为麻醉科医生的主要职责就是缓解疼痛。

曾经有一个患者告诉我："路大夫，我特别后悔最后做了几个疗程的化疗。"

我反问他："为什么会这样？你现在肿瘤控制得很好啊。"

"我胸疼，疼得寝食难安。这种感觉如影相随，日夜相伴，有如蠕虫一般慢慢撕咬，让我一刻都不得松懈。我实在一点抵抗力都没有了。简直生不如死。"

以往，我们并没有过多考虑过这个问题。作为医生，最优先考虑的是如何让病人活的时间更长，却没有考虑过病人在有限生命里的生活质量。我们没有真正站在病人的角度来思考问题。

为此，我咨询了很多患者："在罹患肿瘤之后，你是希望幸福地活一天，还是痛苦地活十年？"几乎90%的受访者都告诉我，他们想要幸福地活一天，不要痛苦地活十年。对于这些患者来说，首先考虑的是生命的质量，而后才是生命的长度。所以说，如果能够将癌症患者的疼痛控制住，他们的生活质量是能够显著改善的。

这加强了我对疼痛的认知。在症状缓解方面，医生应该更加尊重患者的主观愿望。事实证明，经过十多年的推进，国内同类学科发展得朝气蓬勃。这也是因为迎合了患者的需求，使他们的生活质量得以提高。从这个角度来说，治疗疼痛还是很有意义的。

我经常教导我的学生，作为一名疼痛专科医生，并不是说把病治好了才是你的成绩，如果遇到疑难杂症，症状以疼痛为主，患者跑了很多科室去诊治，却没有找到原因。等他们来到疼痛科，能因此缩短整个治疗过程，那也应该是我们的成绩。

为什么肿瘤总会引发疼痛？

从科学的角度讲，肿瘤所带来的疼痛非常普遍，而且引发的疼痛级别相对来说也较高。

在临床上，我们经常能够见到产生很多疼痛的疾病。比如说牙疼，它的疼法就像虫子钻一样，或者说如撕裂一般的疼；再比如骨关节的疼，只要人们一活动就疼，而后引发酸痛、肿胀疼等。相比较来说，牙疼容易引起连锁反应：转移到骨头上会带来如刀割般的疼；侵犯到神经会带来灼烧般的疼；侵犯到内脏会带来肿胀般的疼，同时伴有下坠感；侵犯到大脑，则会引发有如撕裂般的疼，伴随恶心、呕吐等症状。牙疼是一种非常复杂的感觉。吃了牙疼抗炎镇痛药，很快就会见效。当症状缓解的时候，再疼也不过如此了。

但是，癌痛却不一样。它每时每刻都在变，今天可能只是疼痛，明天可能就疼得不敢喘气了。曾经有患者告诉我："路大夫，你知道吗？当疼痛来临时，呼吸都是一种罪。"

在我们的日常生活中，从来没有谁会觉得呼吸是一种罪。但是，这个患者每喘一次气，因为纵隔胸腔牵扯到胸窝，会引发剧烈疼痛。这让患者甚至没有勇气去喘气。还有些病人是盆底会阴痛，不敢吃东西，担心排大便，因为患者上完厕所之后会更疼，自己宁可饿着，也不肯吃东西。每一个个体罹患疾病后都有康复的愿望和希望，他们渴望能够尽快好起来。但是，如果患病以后，疼痛如影相随，日夜相伴，让人一刻都不得松懈，每天被疼痛所纠缠，病人为康复而努力的愿望会随之减弱，直到最后痛不欲生。

古时庄子曾说过："夫哀莫大于心死，而人死亦次之。"最近一段时间，安乐死这个话题在媒体上引发了热烈讨论。仔细阅读了相关文章，我认为，患者在安乐死之前一定经历了痛不欲生的阶段。当他的人生希望值降得很低，心已经死了，身体何时死去已经变得无关紧要了。所以，患者特别希望身体也死去。

癌痛的吊诡之处，在于其容易导致哀莫大于心不死的情况出现。我拿自己举个例子，我如今50岁，假如我得了某种恶性肿瘤，不久于人世。我的人生或许只剩下半年左右的时间，但是我无论如何都不能走，我的孩子还没有大学毕业，父母身体都还挺好，我还有爱的人。我有家庭，有事业，我不甘心现在就离开人世，起码再活二十年，我才算把自己的人生走得完整。但是，我的身体不允许了。所以，人生的悲哀，不仅仅是哀莫大于心死，还包括哀莫大于心不死。

在临床中，我们发现：哀莫大于心死是因为痛不欲生，往往是具体的疼痛导致患者没有了求生的欲望；而哀莫大于心不死，则是源自患者心里的痛苦。

相对来说，身体上的痛苦还比较容易解决。作为医护人员，我们可以通过相应调整，合理用药，达到控制相关疼痛的目的。疼痛科医生可以拍着胸脯说针对肿瘤后期80%的疼痛，可以通过药物调整进行有效控制，提高患者的生活质量。但是对于肿瘤患者内心的痛苦，很多时候我们无能为力。根据北美护理协会对"痛苦"的定义：一个人生活的主要原则被打破了，这个原则贯穿其一生，支配着他的身体与精神，还有社会本能。这在肿瘤患者的生活中体现得淋漓尽致。

所有人自从通晓人事以来，一定接受过这样的教育：不管做什么事，只要努力，一定会有结果，付出就会有回报；只要你坚持，目标就会离你越来越近；只要你付出爱，就一定会被爱。这是一个人生活中奉行的主要原则。但是，一旦患者得了恶性肿瘤，进入生命末期，这一原则就完全被打破了，患者会发现，付出没有回报，病情反而又加重了。面对这样的人生绝境，患者经常会扪心自问："这种坚持还有意义吗？会不会最终人财两空？钱也花了，人也走了。"他们即将走到生命的尽头，狼狈不堪，被身体和精神上的各种痛苦所折磨。

如今我们的国家在一天天强大，有更多的医生群体正在关注和改善这一状况。没有一种药能够根治疼痛，也没有一种手术能够将痛苦切除。但是，我们可以通过倾听、抚慰，来缓解患者内心的痛苦。国家对此也应该给予高度重视，这是一本万利的。安宁疗护能够增加整个社会的正面评价，而且不会消耗太多社会资源。癌症患者需要的是医生带着爱心去关注他们。其实，我们关注今天的弱者，就是在关注明天的自己。如果我们今天不关心他们，未来我们也有可能会没有尊严地告别这个世界。

忍痛未必是一种美德

对于关公刮骨疗毒的民间传说，我们早已耳熟能详。华佗在没有使用任何麻药的情况下为关羽刮骨疗毒，成为一则美谈。它彰显了关公的坚强勇敢。在民间，这被当成一个正面例子进行宣传。久而久之，更是演变成了一种文化——忍痛是一种美德。

一个人在生病之后，身体疼痛了怎么办？是不是要忍？在患病之后，到底是要保留那一份残存的美德，还是说出自己难以忍受的痛苦？在临床工作中，我们也很困惑。医生到底应该如何给患者治疗，究竟应该鼓励患者秉持这一美德，还是痛就要大声说出口？

针对这个问题，我曾经在疼痛病房与一些来疼痛科就诊的患者进行了探讨。我们探讨的主题是忍痛到底是不是一种美德。家属和患者告诉我的答案令我十分受用，我现在在日常工作中也经常引用他们的观点。

有患者告诉我："路大夫，如果是在国家民族危难之际，我是那种可以忍痛上战场的人。但是在和平时期，忍痛会毁掉我们的生活，这也是对疾病的纵容和对医疗技术的迁就。我希望能有更高品质的生活。"

通过走访调研,加深了我对疼痛的认知和对生活质量的重视。我们发现在临床上所有忍痛的"美德",几乎都是一些身体健康的人强加给患者的。病人本人无一例外都希望表达自己的痛苦。

有些时候,忍痛甚至会变成一种软暴力。

我在山东讲课的时候遇到过一个真实事例。病人是一个医院的妇产科主治医生。当我讲到忍痛是软暴力时,她非常赞同。她曾经就被这种软暴力折磨过。

大约九年前,她在自己工作的医院生孩子时,选择了剖腹产。从手术室出来之后,她戴上了一个止疼泵。等到傍晚要睡觉的时候,她感觉到有些疼痛,就喊来值班的同事帮忙打了止疼针,之后她就睡着了。到了半夜 12 点她又疼醒了。此时,疼痛在加剧,她感觉后半夜可能无法入睡。于是,她又一次呼叫值班同事,希望对方能够再给她打一支止疼针。同事却告诉她:"不行,你看你出手术的时候戴着止疼泵。睡觉的时候已经打了一针了,反复打止疼针会不会上瘾,会不会产生依赖?"

见到劝说无效,她的同事叫来了科室主任。主任就问她:"小张你自己是医生,你是不是刚写了入党申请书?"听到这话,她当时就觉得很崩溃,原来忍痛在这个时候竟然成了一种考验,让她感到无语。

被拒绝打止疼针后,她后半夜辗转反侧,一直在痛苦地坚持。那一刻,入党对她的吸引力已经被抛到九霄云外了。

这是患者的真实感受。现实生活中，存在着大量的疼痛，切切实实能够被我们感受到。见识的疼痛越多，我就越有责任去为患者缓解痛苦。

死亡与疼痛是一对双生儿

死亡的过程或许不直接带来痛苦，但是死亡有可能成为疼痛的诱因。

内蒙古赤峰市有一位47岁的女性患者，因为全身疼痛来找我看病。在此之前，她已经治疗有五六年了，没什么效果，痛不欲生。她来找我时，我看了看她的既往病例以及检查结果，并没有发现哪里出了问题。她几乎吃过所有的止痛药，却都没有效果，或者说效果不好。

我做疼痛心理研究已经十年了，遇到各种疑难杂症时，我都会先问患者："在发病之初，是否有一件不愉快的事情发生，现在想起来依然让你放不下？"

这个办法屡试不爽。这位女性患者听到这个问题之后就开始掉眼泪。七年之前，她的儿子出车祸去世了。

我问她："你感觉你儿子去世，你要负一定责任，对吗？"

她告诉我："这不是负不负责任的问题，就是我的事啊，是我把儿子害死了。从那之后，我的身体就坏了。第一年哭得特别伤心,每天过得浑浑噩噩,分不清白天和夜晚。后来悲伤的情绪逐渐平复了,但是身体越来越差,全身疼痛。"

"为什么说是你把儿子害死了呢?"

"我儿子走的时候才21岁,当地职高毕业。小伙子身材魁梧。职高毕业之后一直没有找到合适的工作,每天就是赋闲在家,大部分时间都在玩手机、打游戏。我就看不下去了,主动帮他找了一个工作,去离家七公里以外的一个工厂里打零工。有一天孩子去上班,在路上被车撞死了。"

事故发生后,她非常自责,一直认为儿子是因她而死的,便从此一蹶不振。她发病前期是情绪的问题,紧接着整个身体都乱套了,再后来就出现了全身疼痛。这位患者遇到的是一个典型的负性事件,身体疼痛是情绪上受到刺激而诱发的。我给她用了一些精神科药物,身心状况就逐渐好转了。

这说明在疼痛治疗方面医生需要读懂患者。假如有患者前来就诊,你直接问他哪里疼,他如果说是背部疼痛,你让他去做一个背部超声检查,拍个 X 光片,然后再去化验。检查结果显示一切正常,我们又该如何去治疗病人的痛楚呢?

还有一个类似的患者,她是盆底会阴区疼痛,就是隐私部位疼痛。她在接受了很多检查之后,没有查出有相关症结。于是,我问她:"在发病之初,有没有一件特别不愉快的事情发生,到现在还放不下?"

这位患者告诉我,她先是做了子宫全切的手术,万万没想到第二年她唯一的儿子死了。"路大夫,你知道我有多绝望吗?我孩子死了,我的心就像被摘了一样。我的子宫也被切除了,想要再生一个孩子都没办法了,太绝望了。刚开始发病的时候,就觉得不舒服,紧接着身体就出现了疼痛。"

她与前面那位患者遭遇的情况一样,都是经历了丧亲之痛,痛不欲生,并与社会隔绝。

这位患者向我复述了事情的大概。那一年春节,孩子回家过年,突然提出要跟她在一张床上睡觉。二十几岁的儿子突然跟妈妈提出这样的要求,多少有些反常。于是,她就对孩子说:"傻孩子,缠着妈妈干吗,抓紧睡觉去。"

过完正月,孩子就去上班了。上班七天之后,他发现自己身体疲乏无力,有点发烧。这位妈妈还嘱咐孩子多喝点水。没想到过了几天,孩子就住院了。住院之后,他通知父母马上赶过来。从发现患上白血病,到最终去世,一共只有十二天。孩子走了之后,这位患者就精神恍惚了。她一直在责备自己:"孩子过年的时候要跟自己在一张床上睡觉,我为什么要拒绝呢?"她一直觉得自己做错了太多的事情,没有把孩子照顾好。这令她伤心欲绝。

我问这位患者:"你最痛苦的状态是什么样的?"

她告诉我:"路大夫,我感觉现在自己活得特别无精打采。想起孩子就开始掉眼泪。"她爱人在旁边也埋汰她:"她每天都这样,我看着也生气,还揍过她一顿。"

听了她丈夫说的这句话,我问这位患者:"他揍过你吗?"

"是的。"

患者的丈夫告诉我:"路大夫,你以为我不想孩子吗?我也想,她这么一哭,我特心烦。"

我当时心里想,这位妈妈真是可怜,因为想孩子还被丈夫揍了一顿。这位患者还告诉我,她妹妹经常来家里看她,有一次看她拿着孩子的照片在那里掉眼泪,妹妹就问她:"你有完没完了?你什么时候才能走出来啊!"

周围的人则告诉她,你不要伤心了,把孩子的东西全烧掉,把房子卖了,搬到其他地方去住。你的孩子在天堂过得很好。

这位患者告诉我,她跟孩子一起生活了二十多年,从来没有听孩子提到过天堂。"他都没提过天堂,真的会去天堂吗?或许是我精神不正常了,就像他们说的那样,我是病了。孩子去世这五六年,我从来没有买过一件新衣服。"

"你为什么不买新衣服呢?"

"别人会说,你看她,孩子都死了还穿新衣服呢。但也不是完全没买过。这次来北京看病,我专门买了一件新衣服。我千遍万遍在祷告,跟儿子说,妈妈出去看病了,这是你给我买的衣服。"

这位妈妈可能也有身体上的疼痛,但更多是精神层面的疼痛。她的子宫被切除了,而后又经历丧子之痛,在这种情况下,不太可能再有自己的孩子了。可想而知,她有多痛苦。

我问她:"你觉得孩子是在天堂吗?"

她说:"我不知道。"

"你感觉孩子走了吗？"

"我感觉孩子没有走。"

"你说得特别对。我就想问你，那些劝你走出来、把孩子忘掉的人，他们有几个是经历过自己孩子死亡的？"

"一个都没有。"

"你不用管他们，他们不懂你。你的孩子从来没走，他就在你身边。无论是今天、明天、后天，还是今年、明年、十年以后，或者在你80岁那年，你儿子永远在你心里，他只是出了一趟远门。就像是我和你，今天你来找我看病，咱们就算认识了，等你病好了，可能未来十年咱们都不会再见面，但我们都知道对方还在。"

我还问她："是不是经常与孩子对话？"

果不其然。患者的丈夫告诉我，她爱人在孩子去世那两年，就像疯了一样。孩子是在厦门读的大学，她爱人买了张车票就到厦门去了。"她到孩子的学校故地重游，到北京孩子工作的地方转了一圈，一会儿哭，一会儿笑。派出所给我打电话去接她，接了不止一次了。"

患者目光呆滞地回应："我是这样。"

"她现在不会再去孩子当年生活的地方故地重游了，但还是会经常和孩子对话。"

"在你跟儿子对话的时候，你儿子一定不会辜负你的每一个问题。比如，你问儿子：'你好吗？'他会回答你：'妈妈，我很好，你好吗？'如果你吃饭的时候问儿子：'你今天吃的什么饭呀？'他会说：'妈妈，我吃的面条，你想吃什么？'如果你晚上跟儿子说：'孩子，好好睡觉吧，晚安。'他也会说：'妈妈，晚安。'"

听我说这番话的时候，她特别激动，眼睛里含着眼泪，拉着我的手对我说："路大夫，你怎么知道的，你怎么知道的？"

看完门诊之后，这个患者先行离开了。她的丈夫等了我2个小时，非要给我200块钱，"路大夫，我从来不知道医生还可以做这些事情"。

这就是我们和疼痛病人交往的日常。面对疼痛患者，医生到底应该怎样展开治疗？其实，很多时候，病人最希望的是有人能够读懂他们的痛苦，感同身受。他们需要的并不一定是药片或者手术刀。

就这样，我很自然地从疼痛科医生，过渡到从事生命教育的医生。读懂患者的痛苦，然后对其进行心理抚慰，成了我的日常工作。

从麻醉科走向疼痛治疗

我是如何成为一名专业治疗疼痛的医生的,还要从我个人的成长经历说起。

医学一直是我喜欢的行业。我记得我小时候特别喜欢两个行业,一个是演艺行业,另一个是医学行业。成年之后,我也分析过自己为什么会喜欢这两个行业,它们中间有什么共同的特质吸引了我。我后来想了很久,觉得可能是受中国传统文化的影响,导致我喜欢长款的衣服,传统文化的那种风范感染了我。否则的话,我无法在这两个行业中找到相似之处。演艺行业,尤其是古装戏剧中,演员都会穿长长的戏服。而医生则需要穿长长的白大褂。这可能是让我对这两个行业感兴趣的诱因。当然,在我所处的那个年代,走上演艺之路并不容易。所以,我当年高考志愿填报的全都与医学相关。

后来,我如愿以偿从了医。进入医学这个行业之后,我的兴趣越来越浓。当医生一段时间后,我发现这真是一个挺不错的职业。曾经看过一篇文章,说一个医生如果将职业和志向合二为一的话,是一件很幸福的事。站在这个层面上,我觉得自己是很幸福的那一类人。

大学毕业之后，我开始在河北省邢台市一家二级医院从事麻醉工作。我工作的年代比较早，是20世纪90年代初，那个时候，麻醉学科并没有完全从外科中剥离出来。麻醉科统一由外科管理，做手术的时候需要麻醉医生全力支持主刀医生。

后来有一个机会，国内出现了地市合并，医院需要进行等级评审。这要求麻醉科成为单独的科室，麻醉科独立就需要一个负责人。我当时非常年轻，只有23岁。初生牛犊不怕虎，现在想来太唐突、太荒唐了。但当时的我一往直前，非常有勇气地给我们院长写了一封信，认为我最适合成为麻醉科的负责人，除了我之外没有更合适的人选了。

院长很感兴趣，就找我这个毛头小子谈话。他问我："你感觉自己能行吗？"

"除了我之外，您感觉还有更合适的人选吗？"我斗胆反问院长。

院长当时表示："既然你这么有信心，那就你来干吧。"于是，23岁的我成了科室主任，负责一个二级医院的麻醉科。当时，我们科室人员结构比较复杂，老一点的员工年龄比我父母都大。为了能够让他们信服，我在工作中非常努力。

但是，从医学学科的分类来说，麻醉科是相对被动的科室。它不主动出门诊看病人，每天都是外科有手术的时候携手同担。

在手术室，麻醉医生为病人实施麻醉之后，就没有太多工作了。但我们其实做了很辛苦的工作，却很少有人知道。麻醉医生终究还是幕后英雄。

但是,麻醉科对于生命的维护非常重要。从我个人的理解,现代医学近百年取得的成绩,其实并不都是外科系统取得的,有一半的功劳是属于麻醉科的。对于解剖系统,百年之前医生就了解得很详细了。虽然了解了,但是在微观解剖方面,与现在的水平还是有很大的差距。按理说了解了器官之间的关系,在手术的时候应该不会有太大障碍。但是因为无法麻醉,开胸、开颅等手术还是难以保证手术期病人的安全,尤其是呼吸、血压、循环系统的稳定。而在麻醉的基础上,医生可以进行根治,修补脏器,然后在手术之后等病人醒过来。所以医学这个行业,麻醉科贡献颇大,它尤其擅长对生命体征的把握。

我在麻醉科工作的时候,对生命极为重视,临床工作也做得不错。但是,我当时供职的医院外科技术能力不是太强,这导致麻醉科工作量不是特别大,出现了人浮于事的现象。我比较年轻,冲劲很足,希望能够走出麻醉科,走出手术室,主动接触病人。

在临床中,麻醉本身就涉及疼痛治疗。它的作用包括镇静、镇痛以及松弛肌肉。在这几个方面,疼痛治疗让一个麻醉师有机会从手术室的大门迈向更广阔的天地。有了这个目标之后,我义无反顾带领我们科室开始治疗疼痛。

这里,我对疼痛治疗的发展路径稍作梳理。20世纪30年代,国际上成立了疼痛专科门诊;1974年5月9日,国际疼痛学会成立,并从2004年开始,学会决定将每年的10月11日定为世界镇痛日;

1989年，中国成立国际疼痛研究会中国分会，也就是在这时，中国引入了疼痛治疗的观念；1992年，中国成立中华医学会疼痛学分会。中国的疼痛学科就是在疼痛学分会的积极推动下发展起来的。

我和科室一起开始疼痛治疗是在1994年，当时在国内这个领域方兴未艾，在这方面擅长的医院屈指可数。到了2007年7月，国家卫健委才发布文件正式明确成立"疼痛科"，要求在有条件的二级医院都可以成立该科室，目的是解决慢性疼痛的问题，包括癌痛和非癌痛。2009年，疼痛治疗开始了一级临床二级教研。

从1994年开始，我专注于疼痛治疗，可以说是提前走了将近十五年的里程。

/ 第三章 /

我见证了太多死亡,也见证了太多爱

轻轻告慰，亲密接触

社会赋予我们医生的职责是救死扶伤，对于患者的生命，但凡有一线生机，一定要全力以赴。当遇到有人溺水，或者突发触电等情况，我们抢救过来的是一个个具体的人，也是一个个具体的生命。但是对于肿瘤患者来说，我们能做的只是第一次抢救，第二次抢救，第三次抢救……直到患者生命走向终点。

每一位患者临终的时候，都需要一个凝重、安详、温情的告别时间。没有人希望自己最后的生命时刻是在救护车上度过的——那时的自己正在经历电除颤，身体被各种导管连接，最终在仓促中死去。

但是，这并不意味着濒临死亡的患者就毫无抢救价值了。如果真到那一刻，需要整合三方的意见：医生的判断、患者的需求和家属的诉求。在临终的过程中，如何让临终更符合人文精神，这是我们做生命教育的医生对现代医疗模式发起的一种挑战。

在现代医疗制度下，对于脏器衰竭的病人，专家会有专门的复苏流程。心脏不跳动了可以启动心肺复苏，无法呼吸时有呼吸机的支持，肾功能衰竭时可以进行人工肾透析。而对于肿瘤患者来说，是否应该启动类似的程序，这样做到底还有没有意义，都是值得商榷的问题。

我曾经遇到过一个病人，在住进病房之后马上就进入了临终的状态，家属和患者都对病情非常了解。当时家属表示，只要不让他们的母亲临终过程痛苦就可以了。

有一天，这位病人的病情加重了，当时我正好在病房值班。交接班的时候，我听到一个进修医生、一个本院的医生和一个新入职的护士在谈论这个病人。

其中一个人说："你看37床的病人，病得这么重，要是今天晚上前半夜走了还好，要是前半夜没走，拖到后半夜，咱们一晚上都不得安生了。上一次夜班就遇到了这个病人，这一次又遇到了，太倒霉了。明天下了夜班，是不是应该去雍和宫烧个香啊？"

听到这一番说辞，我们一定都会觉得说这话的医生很冷漠。但是说实话，对于常年在临终病房工作的医生来说，他们每天都面临这样的情况，早已习以为常，他们的抢救也都是常规的操作。纷繁的抢救过程会让他们非常辛苦。但是，这位病人的家属和医院事前沟通过，并没有要求医院为病人进行抢救性治疗。那晚，我就在那里听着，也没有多说话。等到夜深的时候，病人突然不行了。

我告诉患者家属："人在离世之前，最晚丧失的是听觉。她虽然不能动、不能说了，眼睛也睁不开了，但是能听见你们说什么。如果你们想让母亲没有痛苦安详离世，这时候可以在她耳边轻轻告慰,让她安详地离去。"

我特意嘱咐家属,在告慰的时候,不需要问那些需要回答的问题,比如:妈妈你觉得怎么样?是不是好点了?病人此时已经无法也无力回答这些问题了,她听了这些问题会更加挣扎,更加痛苦。与此同时,我让病人的家属搂住她的头,或者拉着她的手,与她的肢体有亲密接触。医护人员在这个时候,只需要默不作声,进行简单用药就好了。

女儿搂着妈妈的头,跟她讲:"妈妈,你不用担心,放心走吧。我们一定会照顾好爸爸,家里的亲戚我们也会经常去探望。还有您的孙子,我一定好好培养他。"

女儿一边流着泪,一边与母亲聊着天。她的母亲就这样听着,然后悄无声息地走了。她妈妈过世之后,我们医院有规范的遗体处理流程。待遗体被推出来,盖上白色的单子时,我带着值班的医生、护士向患者的遗体进行告别。当我们弯下腰时,逝者的家属深受感动,并深切地感谢了我们。

第二天交班的时候,那个说要去雍和宫烧香的医生对我说:"路老师,我从来不知道临终关怀是这样的。在产房实习时,我在无影灯下迎接着一个又一个新生命的到来,有一种很神圣的感觉,感觉自己就像南丁格尔一样。这一次处理临终事件,你给了我另一种感觉,我觉得自己就像提灯女神,引领一个生命走向了另一个世界,而不是在匆忙中进行各种抢救,看着病人在电除颤和心肺复苏中将自己消耗殆尽。"

另一名医生也深有同感,"路老师,我参加工作时间不短了,也快 40 岁了。我之前没有接触过临终病人的治疗,从来不知道临终的过程还可以这样。"

应该说,即便在我们医生这个群体中,大多数人对临终关怀的认知也是不够的。临终关怀这个概念,在西方国家被普及得很好,它有明确定义是在 2014 年,那时世界卫生组织与世界缓和医疗联盟联合发布了一份《缓和医疗世界地图报告》[①]。报告中采用了美国国家癌症研究所对临终关怀的定义:有卫生专业人员和志愿者提供的生命末期照护,包括医疗、心理和精神支持,通过控制疼痛和其他症状,帮助临终患者获得平和、安慰和尊严,同时为患者家庭提供支持服务。

中国目前暂且没有关于临终关怀的统一定义,但根据很多人的研究和界定来看,在中国语境中的这一概念,其服务的对象是临终患者及其家属,服务的内容包括生理、心理和精神等方面,目的是提高生命质量,保证患者安详离世。

在讲我们自己国家有关临终关怀事业的进展时,有必要先了解它早期在国外的兴起和发展脉络。

1600 年,法国传教士在巴黎成立的"慈善修女会"是现代临终关怀的雏形,专门收养濒危贫苦的老人和病人;1967 年,英国的一

[①] World Health Organization. Global Atlas of Palliative Care at the End of Life[R]. Geneva: WHO, 2014.

位名叫西塞莉·桑德斯的女护士在伦敦建立了世界上第一所现代临终关怀医院——圣克里斯多弗临终关怀医院；加拿大于 1974 年加入这个行列，在曼尼托巴省的温尼伯市建立了加拿大第一家临终关怀医院——圣博尼费斯医院；1975 年 1 月又在魁北克省蒙特利尔市建立了第二家临终关怀医院——皇家维多利亚医院；20 世纪 80 年代，日本、美国、津巴布韦等国家相继建立了临终关怀医院。

说回中国的情况，其实在中国的传统文化中就有与临终关怀相关的历史，两千多年前在全国各地成立起来的"庇护所"就是临终关怀的雏形。比如宋代时为收养、治疗贫困病人专门设立的"安济坊"，元代忽必烈下令设立的"济众院"，清代康熙皇帝在北京设立的"普济堂"等都具有慈善和照料老人、病人的意向。

到了现代社会，我国的临终关怀事业在 1988 年起步，"天津医学院临终关怀研究中心"成立，这是我国第一所研究临终关怀的机构；1990 年，天津医科大学的崔以泰教授建立了我国第一家临终关怀病房；1992 年，北京松堂临终关怀医院成立，专门招收濒危患者；1995 年，上海市闸北区临汾社区卫生服务中心开设临终关怀病房，开展相关研究和实践。与此同时，港台也开始关注临终关怀。1998 年，李嘉诚捐助汕头大学医学院附属第一医院建立了中国第一家宁养院。而后，李嘉诚基金会又建立了三十多家宁养院。2006 年，中国生命关怀协会成立，这是我国临终关怀事业的里程碑。

到今天，我们应该对临终关怀的理念有所调整，当一个病人医治无望时，我们能做的是帮他们处理症状，疏导他们的心理痛苦，然后对病人的家属进行人性的抚慰。这个环节更符合现代社会在家族情感上的需求。当然，有些医院出于利益的考虑会鼓励医生对病人进行抢救，这样能够为医院带来利益最大化。作为医生，我也不能说医院不应该这样做，每个科室都面临生存的压力，医生也需要保证基本的生活，实现自我价值，毕竟每个人都不是生活在不受外力作用的真空中的。

另外，从患者家属角度来说，他们往往认为如果病人生病了就必须抢救，否则就是做了大逆不道之事。这样来看，承担在家属肩上的责任感或是孝道等十分坚定的道德规范大多优先于患者本人的意愿，对于一些已经难以忍受身体或精神痛苦的患者而言，生命的长度已经没有意义，他们只想安静离去，不愿再遭受抢救之苦，但家属的苦苦挽留只会让他们更加痛苦。这样来看，我们文化中这种临终关怀的精神还没有十分普及。

我们做临终关怀，或者是安宁疗护的工作一直没有停止，有很多医学界的同行提出了适合在中国推广的临终关怀模式。我的朋友，清华大学社会学系的景军教授一直在研究中国的老龄化问题，他的一些研究工作和研究发现对我也有启发。他认为目前中国临终关怀有五种模式做得比较好，分别是李义庭模式、施榕模式、宁养模式、"死亡咖啡馆"模式，还有安养模式。

第一种是李义庭提出的 PDS（One Point Three Direction Nine Subject）模式。可表达为"1个中心，3个方位，9个结合体系"，即以解除临终患者的病痛为中心；在服务层面上，坚持临终关怀医院、社区临终关怀服务与家庭临终关怀相结合；在服务主体上，坚持国家、集体、民营共办临终关怀事业相结合；在服务费用上，坚持国家、集体和社会投入相结合。①

第二种是施榕模式。该模式又被称作"施氏模式"，施榕目前是上海中医药大学公共健康学院的院长，他提出了应该全面培养乡村医生。中国有七十多万个乡村，有大约一百多万名乡村医生，大多来自农村，而中国农村绝大多数的病人临终在自己家里。相对于城市的临终病患，他们面临着更多的困难，所以需要培养更多的乡村医生，去关照农村的临终患者。

第三种是宁养模式。1998年，李嘉诚基金会出资在全国范围内开展宁养服务计划，目前全国的宁养院已有三十多家。这种模式关注到了社工、志愿者和义工团队的力量，重点为对其提供一定的培训后，将他们派驻到各个社区开展居家服务，让癌症患者在生命的最后阶段得到照料。

第四种是"死亡咖啡馆"模式。这种方式借鉴了国外的经验。顾名思义，临终关怀是在咖啡馆里进行的，来这里的人通常是患者的家属、从事临终关怀相关工作的人员等，他们可以共同聊天，谈论死亡。2011年，英国伦敦开设了全世界第一家"死亡咖啡馆"，之后欧洲其他国家、美国也相继开办。2014年中国开始设立这种咖啡馆，现在也在定期举办活动。

---

① 李义庭，刘芳，付丽. 临终关怀模式的实践与探索[J]. 中国医学伦理学, 2000(5):45-45.

第五种是安养模式。这一模式主要关注佛教寺院介入社会化养老领域，以宗教为纽带，逐渐为佛门之外的老年人提供安养服务。

这五种模式其实充分考虑了中国的传统文化背景，以及很多中国不同于西方国家的地方。比如我们国家农村人口多的现实；社工、志愿者团队的强大，他们多以大学生和爱心人士为主，这些力量可以为社区提供更好的服务；以及以佛教为纽带兴起的寺院养老模式，老人们可以首先从心灵上得到感化，疗愈痛苦。

化解患者的死亡焦虑

我曾救治过一个年轻的患者，三十多岁得了肝癌。每天都能听到他在病房里喊医生。于是，我过去会诊。在会诊过程中，我发现患者病情比较严重，但并没有到特别糟糕的程度。

一般来说，疼痛是有强迫体位的。比如说腹痛会让患者蜷缩着身子；头疼时患者会捂着头，或者直接在额头上搭一条毛巾，并且往往目光浑浊，甚至无法入眠。

这位患者说自己身体上有疼痛，但他并没有强迫体位，目光也并不浑浊，只是瞪着眼，用祈求的眼神看着医生。他始终喊疼，不停地叫医护人员，恨不能十分钟打一支止疼针。我检查了他的病历，进行了简单的体检，发现他的疼痛可能并非来自身体，而是来自心理的焦虑和恐惧。

他的主治医生那时提醒我："路老师，这个病人一分钟都不闭眼，时刻睁大眼睛喊疼。只要我们离开一会儿，他就喊疼，只能再给他打止疼针，频繁如此。给他吃了镇静药之后，他能睡几个小时，但经常突然醒来，强睁着眼，就是不肯闭眼。"

听到这里,我问这个患者:"你是不是特别害怕闭上眼睛,然后再也睁不开了?"听完我的话,他默默哭了起来。

后来我了解到,这位患者曾经遇到过一个与他病情一样的病友,两人年龄相仿,经历相似。这个病友住在他的隔壁床,突然就去世了。经历过这件事之后,他非常害怕自己也会像隔壁床的病友那样,看这世界的每一眼都可能是最后一眼,闭上眼睛就再也睁不开了。所以,他时刻强打精神睁着眼。

很多病人遭遇车祸,出现休克症状,医生一定要向他喊话,不让他睡着。他也见过类似的事件,这构建了他对死亡的恐惧,所以始终不肯闭眼。

我对他说:"你不用害怕,我已经把你的病历仔细看过一遍了。你近期不会出现这种情况,即便睡着了也能醒过来。"一边说话,我一边轻轻捂住他的眼睛,告诉他,睡吧。在我的安抚中,他睡着了。

很多时候,医生只会负责患者疼痛、瘙痒、麻木等身体上的症状,却不理解患者心理上的煎熬,患者在医院的日常生活中目睹了很多死亡的事实,他的内心对死亡充满了焦虑和恐惧,我们要善于读懂他们不安行为背后的真正含义。

患者对死亡的焦虑,不仅表现为行为上的狂躁不安,有时还可能会出奇地平静,但在这平静背后内心却隐藏着汹涌的波涛。

我曾经治疗过一位女性患者,来自河北唐山。她经历过1976年的唐山大地震,全家五口人,死了四口,只有她活了下来。这个背景是我事后才了解到的。这位病人是我一个医生朋友的亲属,朋友告诉我，他有个亲戚是唐山人，得了结肠癌，在住院期间频繁地准备死亡。

这位患者刚被诊断出结肠癌的时候，就觉得自己活不了多长时间了，于是开始准备身后事。她把所有的家庭大事都交代了，欠谁的账要还，房本放在哪里，银行卡的密码是多少。甚至在死亡的时候该穿什么衣服，她都早早准备好了。她儿子告诉她，结肠癌并不是什么疑难杂症，而且因为发现得早，做完手术就没事了。然而无论儿子如何解释，都无法让这位母亲停下对死亡的准备工作，以及对死亡的执念。

她很顺利地做完手术，出了手术室，老人家睁开眼说的第一句话是："这一下没死成，可能还没到时候。"

手术之后，她依然不放弃对死亡的准备。住了一段时间后她出院了，可是这也并没能扭转她准备死亡的念头。她认为自己还没有死去，是因为有些事情没做完。于是她绞尽脑汁地想这些事，并对家里人进行频繁的交代。母亲刚生病的时候，孩子们觉得母亲知道自己得了肿瘤之后心理上可能受到了冲击，因而无法接受现实，才会有这样的举动。但是，在做完手术后三个月的时间里，他们的母亲仍然每天如此。这让家属几近崩溃。后来她的儿子找到我，想让我看看他的母亲到底是怎么回事。

当他把他的母亲带到我的诊室与我聊天的时候，我发现患者的精神状态特别好，思维逻辑也很清楚，没有什么反常的地方。

我问她："你哪里不舒服吗？"

"没有哪里不舒服,我挺好的。我得病了,可能要告别这个世界,我做了所有准备,但我就不明白我的孩子为什么总觉得我这样不正常。我人虽然还没死,提前准备好后事,不给别人添麻烦,这不是很好的一件事吗?我怎么就不正常了?"

我接着问她:"你对死亡有什么担心吗?"

"有,我特别担心我还有意识的时候,他们就把我放到冰柜里去了。我自己没办法开门,会被活活冻死。我还特别担心,在我还有意识的时候,就被推到火化炉里去了。在烈火中,我也跑不出来,也不能喊。我也特别怕在我还有意识的时候,就被埋在土下面去了,我在棺材里又活过来是多么恐怖的一件事。"

她说一定要等她死彻底了,才能做这些事情。

"那你认为什么是死彻底了?"

"就是不喘气了,身体变凉了,大小便失禁了,怎么喊也不会有回应了。身体先是硬,后来又软了,最后就没有温度了。"

她说出了很多特别准确的死亡征象。这个时候,我很诧异地问她:"这些知识你从哪里学来的?你是怎么知道的?"

"我当然知道了,1976年唐山地震的时候,正好是半夜,我们家五口人,都被埋在废墟下。当我在废墟里醒过来之后,我们家五口人都能说话,彼此还可以沟通。随着时间慢慢过去,体力渐渐耗尽,一个一个都走了。我的父母,我的兄弟姐妹,刚被埋的时候还能跟我说话,逐渐就没有呼吸了,而后大小便就失禁了,身体先是硬了,后来又软了,最后彻底变凉了。"

她经历过这样的事件后,心理上会遭遇创伤后应激障碍,这给她内心带来了很大冲击。正因如此,她形成了严重的死亡恐惧、死亡焦虑。她亲眼看着亲人一个又一个死去,在临终前根本没有机会处理自己的事情。这场地震中亲人的离世深深影响了她,以至于当她被检查出结肠癌后,对死亡显得尤其焦虑。

她要处理每一件事,甚至包括儿子结婚的时候都有谁随过礼,孙子过满月时又有谁随过礼,她都一笔一笔记了下来。她觉得在离世之前所有事都要有个完满的交代,与整个社会和解。这是那场大地震中别人的死亡带给她的教育意义。但是,这些信息她的孩子并没有读懂。孩子们不知道母亲为什么要准备这个,而且孜孜以求,矢志不渝,每天准备,乃至所有人都已厌烦她这样的举动,觉得她完全不是一个正常人了。

我非常感谢她对我的信任:"你感觉你这个病,有多长时间了?现在在你的概念中,我是一个相对健康的人,你是不是感觉我要比你活得长一些?"

她说:"那是肯定的。"

"我向你保证,等你生命到最后一刻,我会亲临现场,保证你已经死彻底了,心跳呼吸都停止了,没有任何生命迹象了,到那时,我再让你的家属处理下一步,你觉得可以吗?"

"谢谢,发自内心的谢谢。"

这位患者是灾难事件中的幸存者,她对死亡的认知比一般人要深得多。她已然把死亡当成了一个需要被完成的任务,这时死亡对她来说，是一件令她焦虑的待办事项，而不是未知的、令人伤感的生命的终结，她似乎把一切都想得特别清楚。作为医生，这时应该从她的生命背景出发对她进行关照，而不是像她的孩子一般总是质问她。我们的任务，是同她站在一起，化解她的死亡焦虑。

抱紧我

我有一个微信群，群名叫"抱紧我"。我发现很多人在生命末期都是孤独的，希望能够被抱紧，被紧紧拥抱。

其中有一位患者是北京某所高校的教授，一位老太太。她患病之后还能走动时，经常到我的科室来看病。

之后随着病情加重，她没有办法来医院看病，都是她儿子过来找我开药。有一天，她儿子对我说："路老师，希望你去我家看看我妈妈。我们家现在简直就是一团糟。本来我妈妈病重，全家已经很难过了，现在家里全是悲观、愤怒的情绪。"他希望我去看一下，究竟是病情的问题，还是哪个环节出了状况。

我因为工作比较忙，拖了几天才去探望这位患者。当我走进她居住的小区时，发现老太太的丈夫在门口站着。他一看到我来了，立马过来拉着我的手，对我倾诉起来。

"现在家里一团糟。我已经76岁了，也一身病，患有高血压、糖尿病，肾还不太好。自从我老伴生病之后，我一直悉心照顾她。现在，我这把老骨头快被她折腾死了。我相信再熬两个月，她不死，我都会死在她前面。"老头一边抱怨着，一边带着我去他家。

"为什么会这样？"我询问道。

"你不知道，她把人折腾得……渴了，给她倒杯水嫌太烫，要凉一凉；一会儿说被子漏风，要盖一盖；想小便，尿不出来，要等一等；腿被憋胀了，要捏一捏。事多得，五分钟都不让人安心。我这把老骨头，被没日没夜地折腾，真是受不了了。"老头告诉我，他现在血压也不稳，睡眠也不好，老是担心自己的身体也会垮掉，到最后还照顾不好老伴。

一边说着，我们也走到了老太太的家中。她正在房间里睡觉。一般进行生命教育时，我都是让患者视野中只有我，不受其他因素的干扰。所以等老太太醒了之后，我让她靠在床上，我坐在椅子上，房间里只有我们两个人。

我问老太太："您现在情况怎么样？"

"特别不好，感觉很糟糕，我估计是到了该走的时候了。"

"为什么会这样想呢？"

"'文革'期间，我的一些同学上山下乡，很多人因为生活条件差，生了病得不到有效治疗，这些人现在早都走了。最近两天，我感觉他们又都活了，他们都在跟我打招呼说话。我现在阴阳不分，是不是该走了？"

听完之后，我明白了。这其实是一种谵妄。我问她："你害怕死亡吗？还有什么愿望吗？"

她说："路大夫，我不想一个人孤独地走，所以我就天天喊老头。渴了，让他给倒杯水，太烫凉一会儿；想小便，让他放个盆，尿不出来等一会儿；被子透风，让他给盖一盖；腿疼了给我捏一捏。"

她说的与老头上楼前跟我讲的一模一样。老头搬了一个马扎，就坐在门口。听到这里的时候，老头双手捂住脸，掩面而泣。

老头送我出门的时候，对我说："四十年枉为人，愧对知识分子的身份。这一辈子总觉得两口子特别恩爱，她怎么这点事我都没读懂呢，还在不停地抱怨。太遗憾了，让你们这些晚辈后生见笑了。"

我问他："为什么您不跟阿姨在一张床上睡觉呢？"

"她刚得病的时候心疼我。她晚上要起床吃药，上厕所，怕把我弄醒了，就把我撵到隔壁房间睡了。"

我们聊过之后，当天晚上，老头就搬过去和老太太睡在一起了。老太太直到去世没有再折腾老头。通过这对老夫妻相处的点滴，我们能够看到，面对生命末期的病人，最重要的是沟通，医生必须善于读懂病人在生命最后时光的需求。

一个富豪的临终愿望

曾有一位来自宁夏的患者，是一个财团的老板。有一次来北京看病，他在出院之前，找我再出一个治疗方案。我去看他的时候问他："现在感觉怎么样？还有什么需要帮你的吗？"他听到这句话，就侧过脸去，默默流泪。

这位患者出生于20世纪50年代，受教育的时候正好赶上"文化大革命"，没有什么文化。后来遇到改革开放，他通过自己的努力，白手起家，现在拥有几十亿资产，管理着6 000人的集团公司。

"走到生命的尽头才发现，40个亿的资产不会让我多活一天，6 000名员工谁也不能让我舒服一会儿。"他向我哭诉道。

"你现在最想做的是什么？"

"我现在最想陪陪我的母亲。母亲已经八十多岁了，我生病之前，工作很忙，一年也见不到她几次，总觉得挣了钱放在家里就可以了。孩子马上大学毕业要考研究生了，他的成长对我来说就是一个谜。我从来没有管过孩子上学，没有接送过孩子，没给他做过饭，没给他买过衣服。现在觉得亏欠孩子很多。"

除了母亲和孩子，他也觉得亏欠妻子非常多。结婚二三十年，他们没有过一次像样的旅行，偶尔有一次出去玩，中途还被公司的事务打断，临时赶了回去。他说这些是以往生活中最容易忽视的，尤其是身边的亲人。

于是，我问他："如果再给你三十年时间，你会怎么活？"

他说："我就在家里好好陪陪亲人，要不然觉得白活了。"

从这些平淡的描述中，我们能够发现人生的真谛在哪里。当生命临近终点之时，患者往往会淡化生活中那些原本令他夜以继日忙碌的事情，而更重视亲情和爱，希望回归家庭。一般来说，人到了这个阶段，往往都活明白了，遗憾的是醒悟得太晚了。

如果能早去两天，我们一定能改变孩子的生活轨迹

2019年大年初六，我惊闻噩耗，"思亲伤孤"微信群里有一对中年夫妇，在痛失爱女十个月后自我了结，追随女儿去了。

初五的时候，我还在玉渊潭和朋友小坐，思考着2019年如何继续推进生命教育，并闲作小词："隐罢旧岁探新年，一壶淡茶，闹市偷闲，2019安然……"而此时此刻的我再也无法淡茶安然。

我无法想象这对夫妇在选择离世之前经历了怎样的椎心泣血、焦灼无望，但我明白追随女儿而去绝非这对夫妻唯一可做的选择。我不知道这对夫妇丧女十个月可有同理陪伴？是否有缘哀伤康复？

但我明白一家三口悲情逝去，一定让身边亲人饱尝哀伤。生命的意义永远深邃，偶感无力碰触，但为了成长，让我们从生活的悲情片段中共同思考吧。

小溪是上海某著名高校的二年级研究生，阳光、清纯、烂漫，前途充满希望，她是父母唯一的孩子，被视如掌上明珠。2018年4月的一次车祸夺走了小溪的生命。中年父母无以承受丧女之痛，从此生活在自责中。

小溪妈妈总是喋喋不休向身边人忏悔:"我和小溪爸爸原本计划好4月份去上海看孩子的,因为工作关系未能成行,当时总觉得晚两天去也没关系。想不到啊,想不到,我家宝贝就走了……我们按计划去了,肯定会改变孩子的生活轨迹,就不会出车祸了。可我为什么没去?有什么事还能比我孩子重要?是我的错,都是我的错!我一贯生活严谨,可偏偏这次……这是老天对我的惩罚……"

自小溪走后,她的父母长时间沉浸在往事里:我对不起我的小溪,我的孩子很优秀,我是个失败的妈妈。小溪的妈妈是位会计师,当她偶然翻到女儿在上学时记录的"小溪高中生活开支清单"时,瞬间伤心欲绝。

"我是搞金融的,我对孩子要求几近苛刻,学习生活要有计划,不准乱花钱,花费每天记账、每周汇总,要对每一分钱有交代,可现在……看着孩子小心翼翼记录的每一笔开支,我的心好痛!我的女儿从来没有享受过生活……她馋的小零食、喜欢的布娃娃、想看的电影、闺蜜的小聚……应该都被我控制了吧。女儿啊!妈妈对不起你……可现在想这些还有什么用!孩子,妈妈欠你一辈子!一辈子欠你……"

生活中的小溪走了,而大自然的小溪依然在悄无声息地流淌。

作为医生,我感恩有机会聆听他们的生命历程。其实生命的每一天都给我们读懂小溪妈妈的机会,我们的确该从繁杂中看清对我们来说最重要的东西。如今已经无力扭转现实,我能做的,就是为小溪一家人默默祷告,让澄澈的生命根植安详,让爱犹如雪山圣水,潺潺迂回,洞悉无论人生际遇如何,都要感恩于当下的拥有。

"我爱你。"

我曾遇到过一对老夫妻,他们之间的故事也令人感动。

这位男性患者大约七十多岁,罹患消化道肿瘤,时日无多。他的儿媳和我是同事,特意找到我,希望我能够为他们的家庭提供帮助。

实际上,这位患者的家庭条件很好,生活很稳定,家庭关系非常和睦。当这位患者被肿瘤折磨得痛苦不堪时,患者妻子在心理上无法接受这样的事实。到了七十多岁这样的年纪,患者的妻子是有心理准备的,但就是内心无法接受。她知道每个人都有离开世界的那一天,但她就是离不开自己的丈夫。

针对母亲的这种状况,患者的儿女亲属还专门开了一次家庭会议,但是并没有让母亲参加。会议过后,他们决定求助于我。

患者的儿媳妇找到我的时候,我正在病房工作。她让我去看看她的婆婆,老人家正好就在医院里。见到老太太之后,我并没有告诉她我是从事生命教育工作的。

"阿姨您好,我是临床医生,过来看看叔叔。您现在状态怎么样？咱们聊一聊叔叔的病情，看看有没有一些需要关注的慢性病。"随后我与患者妻子走到一个相对安静的地方坐下来，向她询问了患者的病情。

老太太对我说："年龄大了，谁还不得个病呢，会好的。"

"叔叔这次患病时间有多久了？"

"七个多月了。"

"这次患病和以往有什么不一样呢？"

"他身体挺好的，但从来没有像这次病这么长的时间。现在住这么好的医院，肯定有办法治好的。"

"那么，叔叔他是怎么想的呢？"

"他太关心我了，生病之后对我也不放心，让我去孩子家住。这不是对我多余的担心吗？我能照顾好自己。他一个大大咧咧的人怎么就病成这样了，我特别不理解。"

"他有没有一些让您觉得非常奇怪、无法接受的举动？"

老太太回忆了一下，老爷子确实有些话让人不解。"他有一天跟我说：'老伴儿，这一辈子最最对不起的就是你了。我们两个人青梅竹马，一起从农村走出来。我很早就入伍当兵了，在部队条件比较艰苦，也没多少钱。你在家一个人带三个孩子，这个家几乎都是你一个人支撑起来的。现在我退休了，条件好了，来到北京，可是没有让你享几天福我就病倒了。本来我还想多干几年，给孩子们的生活多帮衬一下。现在我这一病，也不知道能不能好。要是这个病好不了了，这一辈子最对不起的就是你了。'"

老太太转述了老爷子的话,并表示夫妻之间不存在谁对不起谁。"哪有什么对不住的?他是一个挺不错的人,但也算不上完美。在单位里,或是同事之中,他并不是最棒的。但是在我心目中,他就是最棒的。如果有下辈子,我们俩还要在一起。"

"看得出,您特别爱叔叔。"

"我们那个年代不说这个词。"

"您愿不愿意对叔叔说出'我爱你'三个字?"

"说出来,也不是你们年轻人的这个味。"

老太太最初对我的这个建议是排斥的。思考了五分钟之后,她最终点头同意了。

当时,病人已经病入膏肓了。我建议他的儿媳妇为母亲买一束玫瑰。当天下午,我陪老太太一起去看望她的老伴。我也带了一束玫瑰花。其实患者生活的那个年代不太适合拿玫瑰花来表达爱意。老太太走进病房拿着玫瑰,不太习惯,就装作没拿一样,最后把它放在了病房的桌子上。她摸了摸老伴身上盖的被子,叫了一声"老头子"。

这时候,病房里还有其他人,老太太显得非常不好意思,沉默了好半天,她终于说出了那句话:"我爱你。"老爷子的表现好像是听见了,又好像没听见。我觉得他听见了,因为当老太太搀扶他的时候,他用手紧紧抓住了老伴儿的手。毕竟周围还有其他人在,老人不太好意思将感情流露出来,他们那一辈人的爱情比较含蓄。接着,两位老人共同回忆了曾经走过的婚恋岁月。老爷子也对老太太说了类似的话："这辈子和你没过够，如果有下辈子，咱们还在一起。"

三天后，老人去世了。我去参加了他的遗体告别仪式。当我走进遗体告别厅时，老太太正低着头，陷入悲痛的情绪中。看到我时，她颤颤巍巍地走过来握住我的手。

"路医生，谢谢你那天跟我说了那样一番话。如果不把这话说出来，我这老命也活不了。"

遗体告别仪式之后，老人家又专程找到我，对我说："老头子的病情，我其实非常清楚，但是我无法接受他即将去世这件事。我早就想好了，老头子真要去世了，我家里所有的生活场景就保持和他活着的时候一样。'七七'之前，我会把他的照片放在桌子上。我不能跟他说话了，我就每天写日记。写完之后，我就把日记放在他的照片前。等到'七七'过了，我再把他的照片挂到墙上去。我每天给他做饭，为他铺床，跟他说话。我跟孩子们说了，等你们爸爸走了，你们谁也不准干预我的生活。我心里就是这么想的，就好像他还活着一样，守着我们一辈子生活在一起的这间房子。我们两个结婚这么多年，真正在一起的时间并不多，日子没过够，真的没过够。那天您让我和他说了那样一番话之后，我心里仿佛一块石头落地了，所有问题都解决了。现在老头的照片就摆在那里，我做梦会梦见他，说话偶尔也会谈起他。有些事情，你们年轻人的想法还是对的。"

这是一种很深厚的爱情，只是他们不懂得如何表达。含蓄和隐忍，会把一个人生活中的痛苦拉得很长很长。"有爱就要大声说出来"，这真的很重要。

在生活中，这位阿姨为她的丈夫做饭，给他铺床，为他买药，帮他按摩，每一件事都有相应的含义，她通过做这些来表达自己的爱。当然，这些也都是爱的具体表现形式，但是说出来还是不一样。

"阿姨，您会发现没有说出来和说出来完全是两回事。人是需要沟通的，爱是需要表达的。有些话到最后没说出来，确实会留下很多很多遗憾，而这个遗憾无论做什么也无法弥补了。"老爷子也需要这样一种方式表达自己的内心，说出来那样一番话之后，他才会彻底安心。

在电影、电视剧中，我们经常看到主人公说我爱你、你爱我。他到底爱她吗？她又有多爱他呢？在爱情中，因为爱得太深，往往就会变得没有自信，太在乎对方就容易把自己丢掉，卑微到尘埃中。这时需要通过爱的表达来重新确立信心。

很多人都像这对老夫妻一样，需要爱的光辉来照耀他们，需要爱的阳光来拯救彼此。

我想死在妈妈的怀抱里

我的一位患者老张，57岁，肿瘤晚期，找我处理疼痛症状。

他最后一次找我看病的时候，说："路大夫，特别感谢你，谢谢你给我镇痛。"

"还有什么需要帮你的吗？"

"没有了。如果有的话，和医生也没关系了。"

我问他，介不介意讲出来？他说："老妈84岁了，在吉林长春，我生病这四年一直没见过她。现在特别想见她，但是不敢见，怕她为我操心。"

我就问老张："你现在情况还可以吗？"

他说："还不错。"

"你不妨换位思考一下，假如你是一个84岁的父亲，你的孩子远在千里之外罹患重病，四年没见了，你会不会想他？等你的孩子去世两年之后，其他的子女才告诉你整个事件，那时你会不会怨其他子女？会不会因为他们没告诉你这件事而痛苦减轻一些？你不会，你会更加痛苦。那怎么处理？一个人掉眼泪？你会到死都不安心的。你就是在这样折磨你妈妈。"

"但是我特别担心我母亲接受不了。"

"其实,你母亲对死亡这件事的理解和处理能力远远大于你。84岁的老人家,她的爷爷奶奶都走了,父母姑姑叔叔阿姨都去世了,她的亲朋好友也有很多谢世了,她对死亡事件的经验可能远远大于你的。四年没见,对你的情况她可能早就有猜测,只是怕你见到她同样会难过而强忍悲痛,所以才没有联系你。"

半个月之后,他爱人来找我,说老张最后的愿望是见见我。到他家之后,老张非常虚弱,身体清瘦,也就是八九十斤的模样,穿了件白T恤躺在客厅大沙发上。

他见到我之后说:"路大夫,特别感谢你。你和我那次谈话后,我母亲来了,正如你所言,我妈看见我的那一刻,连诧异的眼神都没有,仿佛对所有的事都了然于心。她年龄大了,像只老猫一样,每天慢腾腾地吃完饭以后坐在我床边,给我盖被子,捏捏我的脚,我觉得特别幸福。"

"能不能告诉我你为什么感到幸福?"

"你想,这个世界有那么多人,有几个人能生在母亲的怀抱里,死在母亲的怀抱里?我能。"

这件事之后,我去查了查幸福的含义:幸福就是一个人在同时拥有爱和被爱的前提下发自内心的一种情绪反应,它的主要内容是富足、拥有和感恩……老张是幸福的,他也让我重新理解了什么是幸福。

父亲，如果能够早点读懂你

我曾经遇到过一对年轻夫妇，男方三十多岁，从山东来北京打拼。北漂了这么些年，他们终于在北京买了房子，生了孩子。孩子如今已经到了上幼儿园的年纪。年轻夫妇平时生活、工作压力比较大，于是男方决定将自己的父亲接到北京来照顾孩子。平时孩子上学放学都由老人负责接送。

老父亲来北京三个月后，发现身体不太好，没有什么胃口，出现了消瘦的症状。这对夫妇马上将父亲送到医院接受检查。检查结果显示为肝癌，一经发现，癌症已经进入晚期了。确诊之后，儿子带着父亲去各大医院看病。最后，这位老父亲住进了我们病房。从我掌握的情况看，病人的肿瘤治疗已经没有什么好转的希望了，治疗的目的主要是缓解疼痛，提高老人生命末期的生活质量。

在做检查到确诊的整个过程，孩子一直对父亲隐瞒病情。在他父亲住院的时候，儿子就对我千叮咛万嘱托："路大夫，你千万不要告诉我父亲他得了什么病。他这个人一辈子都在为别人着想，如果知道了是这种病，肯定不会接受治疗了，他肯定不想拖累我们。所以，我求您，您千万别告诉他，该怎么治疗就怎么治疗，钱没问题。"

老人也是明白人。他住进医院后，问过我他得了什么病。我就告诉他："您的身体状况不太好，一些老年性疾病，我们需要简单检查一下。"

"简单查一查，用得着住这么好的医院吗？如果是简单的老年性疾病在门诊查一下不就完了，为什么还要住院呢？我儿子要不就是小题大做，要不就是您瞒着我呢。路大夫，我看得出您是一个好大夫，您一定不要瞒着我，有什么事一定要告诉我。我没有想象得那么脆弱，我已经一把年纪了，什么都想得开。我来北京就是为了给儿子带孩子。儿子从农村走出来，通过自己的打拼，大学毕业之后留在了北京，也娶上了媳妇。他之前一直租房住，现在刚买了房子，安顿下来。他还有那么多贷款要还，我一把老骨头也帮不上什么忙，就是照顾照顾孙子，把他们两口子解放出来。我是来给儿子帮忙的，现在不仅帮不上忙，还住院了，孙子也没人看。如果我有特别不好的地方，您一定要告诉我，让我回家，别再拖累孩子了。"

听这位父亲这么讲，我很感动。但是因为有他儿子的嘱托，我也没敢告诉他实情，就表示："行，我一定告诉你。"

这位老人的病情恶化得非常快，大约两周的时间，饮食能力日渐下降，身体消瘦，乏困无力，排便困难。他的儿子也能感觉到父亲留在这个世上的时间不多了。

他儿子对我说："路大夫，我再求您件事，您能不能把我父亲的病情告诉他,让他回家。我想好好照顾他几天。这一辈子,我都没有好好伺候过他,我不想人生留下遗憾。我希望能够好好在家里陪伴父亲几天。"

过了两天,当我正准备满足这个儿子的心愿与他的父亲进行谈话时,病人主动找到了我:"路大夫,我这病我自己心里非常清楚。你们没有告诉我,估计是我家人给您交代过。我这病估计出不了医院了。我现在求您件事,您一定让我死在你们这里,不要让我回家。我们老家那边的习俗是死在医院里不好,要回到家里去。但是我现在在北京,回不了山东了,要回也只能回儿子的家里。如果我死在儿子家里,吓着我孙子,把他的家也弄得不好了。我人老了,死在哪里都一样,千万千万不要让我回家,就让我在你们医院走吧。"

又过了两三天,我还没来得及跟他儿子沟通。有天早上,老人在医生查房的时候突然大出血。我们马上展开抢救。老人的口腔内已经全部是血,很快人就走了。医院赶快打电话通知他儿子过来。等他儿子赶到的时候,老人已经去世一个多小时了。

他儿子对我说,"路大夫,我能不能陪我爸爸多待一会儿。"

我同意了他的请求,在病房里给他展开了一扇屏风。他低着头,坐在床旁边,拉着他父亲的手坐了大概四十多分钟。出来的时候,男孩子比较隐忍,没有号啕恸哭,但是眼睛都揉红了。

"路大夫,我爸爸走的最后时刻我也不在,他有没有说啥?"

这个时候,我觉得挺遗憾的:"你爸爸说的所有话和你正相反。当你说,不要告诉你父亲病情时,他特别想知道自己的病情,不想拖累你；当你想让你父亲回去的时候，你父亲坚决要求不回去，他怕吓着他孙子，也不想脏了你们的房子。"

听到这里，他儿子彻底崩溃了，声音变得沙哑，嘶吼着说："老爸，你为什么总是这样。你走了之后，让我们怎么活啊……"

他一边哭，一边转向洗手间的窗口。从他的背影看得出他非常伤心，但他并没有特别沉痛地大声哭泣。尽管如此，悲伤之情还是令人感同身受。儿子原本有太多机会与父亲诉说，但是都没说出来，最后的结果就是父亲带着遗憾走了，儿子也留下了终身遗憾。

在每个人的人生中，都会留下些许遗憾。很多情况下，并不是没有能力不留遗憾，而是因为沟通不到位，最后造成了终身遗憾。

听着京剧,他善终了

我遇到过一个北方城市的病人,是一位结肠癌患者。他的故事比较简短,但是具有代表性。这位患者是个老人,身患肿瘤后疼痛症状出现了约一周的时间,随后来医院治疗。后来老人的病情得到了有效控制,于是有一段时间我们没有再联系。在之前的治疗过程中,这位患者对我的工作比较认可,我们建立了深厚的友谊。

突然有一天,他儿子过来找我:"路大夫,我父亲最近老发火,和谁都不配合,可能是肿瘤疼痛又犯了。他自己比较伤心,您能不能去看看他?"

这个患者当时情况不太稳定,正在急诊室。我赶快前往看望这位老人。

"现在感觉怎么样?"寒暄过后,我直接询问他症状。

"现在不疼。"

"我听说您最近状态不是特别好,老发脾气,不愿意在医院输液非要回家,情绪有些不太稳定。"

"这个和我的病情没多大关系。"

"那是什么原因，您介意跟我说说吗？"

老人叹了一口气说道："介意倒不介意，就是我这把年纪了，这病看了好几年了，自己的情况自己心里都明白，估计也没有多少时间了。我就和儿子说，想死了以后埋回老家祖坟，就这点事。儿子说：'北京这么好，医院这么好，有这么多专家教授，您不要多想，不会那样的。'后来我又跟我女儿说，她劝我：'爸您想啥呢，您好好看您的病，没到那个地步呢，您的病情控制得挺好。'就这事儿把我气得够呛，我就惦记这件事。"

"没有别的了？"

"没了，我看病都看了七八年了，啥都清楚，没什么遗憾的，就是想着死后埋进祖坟。"

"那您介不介意我跟您儿子沟通沟通？"

"那当然好了，您跟他说说看。反正我一说他们就打我的岔，不让我说。"

后来，我跟病人的儿子沟通了他父亲情绪的问题。他儿子告诉我："其实早就准备好了，墓地也选好了，棺材也选好了，石碑、石料都选好了。"

"如果你不方便和父亲说的话，可以拍点照片，让他自己看一看。"

果不其然，他儿子在两三天以后拍了很多照片。然后他跟父亲说："这是您惦记的事儿，给您放这儿了，放枕头底下了。"

后来老人出院了，他们没再联系我。三个月后他女儿来找我，对我说："路大夫，特别谢谢您。您一下点破以后，我父亲最后得到了善终。"

"你能给我描述一下父亲是怎么善终的吗？"

"我父亲后期特别瘦弱，也不想吃药了，就是躺着睡觉。那一天，他和我们说想听京剧，我们就找出来他最喜欢听的段子，把小收音机放在他的床头。在京剧的旋律中，老头喊了声'好'，随后就走了。"

和儿子聊一聊吧

许多肿瘤晚期的患者,他们求医主要是为了治疗疼痛病情。但是对于医生来说,肿瘤疼痛患者后期所面临的问题不光是躯体疼痛,还有心理痛苦,他们往往无法找到缓解出口。心理层面的问题通常藏在躯体疼痛背后。如果一个医生经验很丰富,你会发现他看待患者的问题是分层次的。首先,这些患者希望躯体上的疼痛能够得到缓解;其次,心理上的痛苦也希望得到抚慰。

我看过一位病人,当时这位病人的年龄是 51 岁,在部队做科研工作,管理着一个优秀的工作团队,妻子也是一位干部。由于他是军人出身,意志非常坚强。他的病情是肺癌转移到颈椎旁,然后压迫上肢神经造成了上肢疼痛,导致这位病人的胳膊像挂件一样,失去功能,甚至萎缩,而且有时候会出现严重的肿胀,这令这位病人非常痛苦,于是找到我,寻求治疗。

他刚来找我看病的时候,由于疼痛不断发作,身体非常痛苦。比如患者总是做出保护性姿势,而且不断出现面部抽搐。这位病人因为受过很好的教育,所以在公共场合他总是在掩饰自己痛苦的表情和体态。但是，由于病情严重，患者的痛苦常常藏不住。

在前期礼节性的沟通之后，我询问这位患者的症状。

"这种疼痛让我寝食难安，生活已经被疼痛毁掉。"

于是我对这位患者提出了问题："以你现在的状态，你觉得是生存质量更重要，还是生命的长度更重要？"

"当然是质量了，在这样的病情下，生命长度已经没有任何意义了。"

他的这种疼痛其实非常常见：肿瘤压迫到颈椎间盘的臂丛神经和血管。神经被压迫以后，疼痛症状就会出现，同时伴随着上肢萎缩，血管也会出现局部肿胀。这种症状非常复杂，而且每时每刻都在折磨患者。我对他进行了简单的药物调整后，患者症状稳定了一些。当他来复诊的时候，身体状况比上次明显好转，已经能够较好休息了。

其实对于这位患者我也有疑问，他的生活环境、生活条件都挺不错的，应该有很好的健康意识，为什么如此年轻就患上了这种疾病？

于是我询问了他病症的起因，这对治疗患者是非常重要的步骤，因为当患者躯体症状缓解之后，心理症状才会暴露出来。有很多患者都会思考："为什么是我？为什么不是别人？"这些患者一般都会从自身找原因，而患者自身的思考就是心理问题的成因。

患者寻找发病原因有几个关键点：其一，有些病症的诱因会令患者有自责感，使得他们更痛苦；其二，一部分诱因会让患者出现无力感和绝望感。医生在帮助这些患者找出诱因之后，首先需要患者能直面这些原因，诚实面对后心理层面的痛苦就会缓解一些。另外，当患者找到一些对生活有健康危害的事件诱因后，能够为家人的生活带来一种正向的引导，也能起到缓解心理痛苦的作用。

我这样问这位患者："你受过很好的教育，家庭条件也不错，而且还懂很多科学知识，你肯定想过自己为什么得这种病。"

"我想过。"

这位患者如此分析原因："首先，我性格十分要强，经常没日没夜地工作，承担工作任务以后，强迫自己必须在最短的时间内最高效地完成；其次，自己在事业、家庭两点一线的生活中忽视了对自我的关注，因为劳累，精神经常处于崩溃的状态。"

这位患者表示，他的精神总是处于紧绷状态，有时会坐在车内发呆思考，有时边开车边思考，经常开过单位门口后才回过神来。他对我说："我自己的生活没有质量可言，我的心里只有工作，没有生活。"

他经常希望自己的生活能有一次重启动。

"什么叫重启动？"

"希望自己得一场大病，躺在床上，通过这样的方式强迫自己静下心来，好好想一想自己的生活到底需要什么，从此过上一种全新的生活。"

他说："特别可笑的是，这个想法出现三个月之后，我真的得了一场大病，而且一病不起。"但是，他生病以后的状况并不是之前所设想的那样，躺在床上安享自己的生活，回顾自己的人生。得大病之后自己反而更加痛苦。与此同时，他心里始终无法放下工作、生活和亲人。

看到他痛苦的表情，我就问他："你有过自责吗？"

患者说："当然有了，我没有照顾好自己，从来没有把身体健康当回事。"即便是这次生病，也不是患者自己主动就医检查，是患者妻子强迫他去医院，才查出患了肺癌。

"如果现在把疼痛控制好了，暂且不管生命剩余时间的长和短，您第一个愿望是什么？"

"去单位上班。哪怕只上一天班，将自己的工作做完。"

这种情况不是个例，我们看到很多青壮年患者，当他们即将告别世界时都有这样的想法，他们希望能再次进入常态化的工作，哪怕是一天，他们也希望重新体验一下。

我曾询问这位肺癌患者需要得到同情吗？他回答得非常坚决："不需要，一点也不需要。在日常生活中，我并不比其他人差。如果从同一个起点出发，大家都是患病者，都患有同样的疾病，饱尝同样的痛苦，我相信自己会比一般人更优秀。"

"那么，您还需要什么？"

他语塞了。

通常情况下，不管他在生活和工作中是一位多么要强的人，不管他的生活态度多么大度、乐观、豁达，在即将到达生命终点的这个时段，都需要陪伴。但是这位患者说不出自己需要什么，他不知道谁能陪伴他，分担他的痛苦。

于是我让他将想做的事情排了一个序。他做的排序如下：第一，他想去单位继续体验工作的状态；第二，他想和自己的儿子好好谈谈心。他的孩子刚刚大学毕业进入社会工作，他想叮嘱孩子多关注自己的身体健康，工作不要太拼。

谈到这时，患者妻子插了一句话："路大夫，他就没和儿子好好谈过一次心，一说话就训，一说话就吵，总是居高临下地指责孩子的各种问题。"妻子在说这句话时眼中含泪，而这位患者这时候也流下了眼泪。

"我是这样。现在我就想跟儿子好好谈一谈，让他好好工作，享受生活，让每天的生活有质量，而不是等某一天生活质量远离他的时候，再回头寻找。"

"还有其他想做的事情吗？"

"陪爱人到处走走。"毕竟是在很短的时间内建立的医患关系，患者不一定会把所有的内心想法都告诉我。于是，我对他说，如果心里还有什么话不方便说，可以不说，但是要排出顺序来。后来他又思考了一段时间，没有给出答案。我就问他有没有与自己相关的事情，比如如何安排自己的生活。他说没有思考过这个问题。

由此我们看到，当壮年一代发现自己的生命有了限期之后，他心中的排序有一定的规律：第一是工作，第二是孩子，第三是爱人或者父母。基本上除了工作，就是亲情，患者都把自己弄丢了。他们从来没想过自己应该以何种状态度过余下的人生。

毫无疑问，这位患者是家庭的顶梁柱，是家庭当中最重要的支撑力量。当他生病之后，他的家庭结构，家人的生活状态、生活态度，都发生了翻天覆地的变化。患者生病后，家里所有人会围绕他做出很多改变，关注点都聚焦在患者身上。而此刻我发现患者也是这样，想的问题基本上都是如何帮助别人，还能为工作、孩子、爱人和亲人做些什么。

患者与家属之间关注点错位，你关注他，他关注你，最后双方没有搭建起一个共识桥梁进行沟通，这很可能导致双方在未来出现很多的遗憾。这时我希望患者与身边的人能坐下来聊一聊。

患者妻子说："错位最严重的就是他和儿子。"

我询问患者有没有和儿子聊过一些有关自己的事情，比如爸爸有一天要告别这个世界了，你应该怎么样过好自己接下来的人生。

他说："没有。"

"你的孩子应该知道你的情况吧？"

"应该知道，但是不一定知道我的情况这么严重。"

"您想没想过跟儿子谈一谈？生命的场景不一样，你和儿子谈论的话题就会不一样。如果真有机会坐下来谈谈，你设想过怎么开口吗？"

患者并不知道如何与儿子谈自己的情况。他在儿子心中一直是强者，是顶天立地的英雄，是无所不能的斗士，他不想眼含着泪，悲悲切切地向孩子说出自己的软弱。但是患者确实需要和儿子有这样的交谈，在生命最后的这段日子里，维护自己的形象已经变成了一件无关紧要的事情,他该放下这些人性的弱点了。

我劝慰他说:"不用担心,也不要想太多,我相信你儿子在你患病这段时间会成长得非常快。以现在知识的传播力度,你儿子可能早已翻过你的病历,知道你的疾病,了解你的身体状态。他肯定不止一次检索过这个病症,或者给你开药的时候,早已私下找到医生询问:'我爸情况怎么样?'他了解的情况肯定跟你差不多,甚至比你还多。但是因为你和儿子这种严肃的父子关系,导致你们从未有过一次完整的沟通,这或许在将来会成为彼此的遗憾。我建议你和儿子坐下来谈一谈,如果实在不方便谈的话,可以用书信方式写给他,对他有所嘱托。"

在与患者或者患者家属做生死教育、临终沟通的时候,我们很少说"你应该怎么做",或者"你必须怎么做"。更多的是以建议的方式。

在对这位军人患者做生命教育时,我向他讲述了另外一位母亲的故事。这位母亲年龄约四十七八岁,身患宫颈癌,也临近生命末期。她一直找我开止疼药品,我们也经常聊一些对生活的感悟。

有一天,她对我说:"路大夫,谢谢您对我的关照,但是我觉得这辈子活得真是挺不值的。"

我感到疑惑,因为我感觉她状态还挺不错,治疗也非常配合。

"路大夫,您知道吗?结婚前,在读大学的时候,我是非常棒的一个女生,学习成绩好,而且也特别注意自己的形象,在同龄人中属于佼佼者。参加工作以后,我的表现也很突出,很受领导的欣赏。我比周围的人都要优秀。结婚时，我也找了一个非常满意的对象，他对我很好。但是生了孩子之后，我的人生发生了很大的转折。我不知道为什么，生完孩子后，我全部的注意力都放在了孩子身上，我的生活内容只剩下了家庭，爱好、事业都被我放在其次。二十年来，我把孩子培养得很好，他没有辜负我的期望。但是，我这二十多年的努力毫无意义。"

"为什么？"

"您看我现在的身体状态，有今天没明天，不知道什么时候就走了。我那个儿子少心没肺的，每天来看我都屁颠屁颠特别高兴，他都不知道他妈妈即将离开这个世界了，也不知道没了我这个妈妈以后，他的日子该怎么过。我真的放心不下他，担心我走之后他能不能照顾自己的生活。有时候，我故意把病例放在餐桌上，或者假装忘在客厅里，都是他能看到的地方。这个孩子好像不太在意，从来不拿起来看，他是不是不太在乎我这个妈妈？"

"肯定不是你说的这样。儿子或许怕你伤心，故意掩饰自己内心的悲伤。"

"但愿是这样吧。"这位母亲叹了口气。

后来，她儿子过来找我开药。我问他："你妈妈生病以后，对你生活工作影响大吗？"

"特别大，简直没法正常生活了，对工作什么的都提不起兴趣。以前我妈没生病的时候，在工作中，我能出色完成领导交代的任务，条理性也很强。我妈生病之后，我的状态非常不好，总是丢三落四,有时候竟莫名其妙地和领导发脾气,向同学发脾气,走在路上因为一件小事都容易和别人干架。"

"那你见到妈妈之后为什么表现得那么轻松呢?"

"我当然要把最好的一面展示给她了,我不想妈妈为我担心,所以每次见到我妈妈之前,我总是在楼道里多站一会儿,在她房间门口也多站一会儿,调整好自己的情绪,让自己努力变得坚强,不让她惦记我,把自己梳理好后才敢进病房看她。要不是有意控制,我早已经泪流满面了。"

"正是你的这种调整,伤害了你的妈妈。她认为你不在乎她。"

"路大夫,我到底该怎么办?我真是不知道该怎么办了,我从来没有经历过这样的事情。虽然我现在成年了,但是在妈妈面前,我总觉得自己还是个孩子。"

"你给妈妈写封信吧,告诉她,她对你非常重要,你对她非常不舍,但是自己不知道该如何表达这种痛苦。你可以告诉妈妈,不管她在与不在,在你心里,她永远是妈妈的位置。你们在一起生活了那么多年,妈妈的办事方法、处世态度、人生哲学早已完全根植于你的内心。不管她在不在你身边,你都会按那个原则去好好生活。"

于是孩子给他妈妈写了这样一封信。后来,他又找我沟通了一次,一把攥住我的手说:"谢谢您,我和母亲沟通好了。"

我把这对母子的故事讲给前面提到的那位军人患者听。他一直很认真地聆听,不停流眼泪。

他的妻子说:"我从来没见过他流眼泪,结婚这么多年,多大事他都能扛下来,包括生病之后,疼得晚上根本无法入睡,他哪怕自己躲到厕所里也没有见他在人前掉过一滴泪。"

在与这位患者交谈之后,他的状态放松了许多。他对我说,生病以后压力特别大,从未像今天这样释怀过。其实这就是沟通的重要性。我觉得,到生命这个阶段,如果仍然是以强示人的话,患者会非常痛苦。作为从事生命教育的医生,我们的职责是从身和心这两个角度和患者去交流。的确,患者的生命时间不会延长很多,但是他们的生活质量、内心世界以及未来生活的完整性会得到很大程度的改善。

妈妈，我早已长大了

曾经有一位老年患者，七十多岁的样子，过来找我看病。陪同她一起来的是她的妹妹，一个六十多岁的老太太，还有患者的女儿，看起来四十多岁。

老太太坐着轮椅过来，一进我的诊室就喊道："路大夫，我患了直肠癌，做完手术没多久，现在复发了。你看我是不是不行了，是不是快要离开了？"

我接过她的病例，仔细查看。老太太待在旁边一直在说话："大夫，你也不用隐瞒我，我什么都不怕。半年前，我老伴去世了，我知道死亡是怎么回事，该怎么处理。你如实跟我说就行，我的生命剩下多长时间我都不在乎，一天、两天，或者一个月、两个月都没关系。"

她一直在强调临终这件事，与普通病人相比有些反常。一般病人来看医生，诉求都是身体哪里不舒服，应该如何治疗，询问大夫要不要开药。而这个老太太直接提到了死亡，还反复强调自己不怕死。

"你真的不在乎了，一切都放下了？"

"是的,我一把年纪,都七十多岁了,还怕啥啊。我啥都不怕了。"

"真的一切都放下了吗?"

"是的,都放下了。"回答我的问题时,老太太表现得很淡然、很坚定。我接着问她,还有没有没放下的身后事?她陷入了沉思,这个时候,她的女儿抚摸着母亲的肩膀说:"妈妈,你不是有一个姨妈还健在吗?"女儿询问母亲的时候,声音特别小。

经女儿提醒,老太太想起来了:"我妈妈的妹妹还健在,她比我年龄大,已经快90岁了。我有时候还惦记她。"

听老太太这样说,我知道她并不是真的彻底放下了,而是强迫自己在生活中不停地演练死亡。于是,我问她:"除了这位姨妈,是不是还有其他事你还没有完全放下?你说这样的话,其实是强迫自己在生活中不断地演练死亡,告诉周围人你随时可能死掉,让他们做好准备。"

我这番话击中了老太太的内心。她突然就低下头说:"是的,大夫,我女儿快50岁了。可在我眼里,她始终还是个孩子,衣食住行的问题我怎么都放心不下。我得了这种病,总有一天是要走的。我怕哪一天我走了以后,她照顾不好自己。所以我一直告诉她要学会照顾自己。但是我女儿一直在安慰我,告诉我说:'妈妈,没事,我们找最好的医生,找最好的专家,现在医疗科技这么发达,不会有大问题的。'我觉得她没有理性看待我的病情,我真的担心自己走了以后,她没能力照顾好自己。所以我每天都在演练,每天都跟女儿说,我要走了,可能今天走,可能明天走,随时都有可能走,你们要做好准备。"

我问她的女儿:"你准备好了吗?"

听母亲讲这番话的时候,女儿一直在掉眼泪。她对我说:"母亲把我照顾得很好。但是我早已经长大了,我的孩子都已经上大学了,我还能照顾不好自己吗?但是,我妈妈就是放心不下我。我想多照顾她一点,她对我的牵挂就更多一些。"

这对母女在彼此的关爱中陷入了纠缠,这种纠缠,可以通过沟通理清头绪。这位女儿应该多陪陪她的母亲,并告诉她:"我已经做好了所有准备,你放心走吧,我能处理好这些事情。"

如果这样做的话,病人能够走得更加释然,家属也会更安心。

赤裸着身体，与父亲拍下合影

司原逐冀是一位33岁的艺术家，他用艺术的方式，赤裸着身体，与已故父亲拍下一张合影，完成了父子情的隔空延续。我是在杭州举行的一个研讨会上认识他的。

这次会议我们邀请了十位艺术家，他们都是研究生死问题的——如何将生死通过艺术的方式呈现出来。这种呈现方式是非常生动的。我一直觉得艺术家是医学工作者的望远镜，我们专注的是具体的治疗方案，而他们则关注更为隐秘抽象的命题。

司原逐冀分享了他的故事。清明节在给父亲移坟的时候，他把父亲的尸骨摆出来，自己也赤裸着身体，同尸骨拍了一张合影。他把这张合影上传到网络，引起了很大的反响。多数人对这件事持有负面态度，认为他不孝。我很好奇，想知道他究竟要表达什么，在中国传统文化中又当如何看待这件事。

逐冀告诉我，在他3岁的时候，父亲就过世了。在他的人生中，父亲的角色是缺失的，这让他感到非常遗憾。他与父亲尸骨的合影，在他看来，其实是一种对于缺失的补偿。这件事情对他影响很大，甚至北京的房东都不再让他继续租住。

在与我们互动的时候，他说："那一天，我感觉特别好，阳光穿过树叶间斑驳的空隙，洒在我和父亲的身上，风徐徐吹过。"

社会上出现的负面声音其实我们都可以理解，因为他的行动直接挑战了中国的传统文化。那天会议之后，我与几个年龄稍大的朋友讨论了这个问题。有很大一部分人的态度同样是负面的。我问这些人："假如你有一个儿子，而你走得比较早。你儿子特别想跟你有一张合影。在移坟的时候，他拍了这张合影，你感觉怎么样？"

他们思考之后告诉我："我觉得这没什么。"这件事启发了我，我发现人们在谈论生死问题的时候，往往不能换位思考，一旦换位思考，你就会觉得逐冀做了一件非常温暖的事情。

别人问他为什么不穿衣服的时候，他说："我的父亲只剩下一堆尸骨，我还穿一身衣服，这太虚伪了。我就要赤诚地与父亲合影。这是我与父亲的唯一一张合照。"在我看来，逐冀是一个懂得用艺术来抚慰心灵的艺术家，他脱下层层伪装，与已故的父亲隔空对话，也许这样的方式略显激进，但是对于从未向父亲表达过爱意的逐冀来说，照片可以替他说出想说的话，这未尝不可呢？

我相信有另一个世界

我与我的患者之间,也有过彼此倾听、彼此交心的时刻。

我认识一个研究化学的博士,与我同龄。他患病之后一直找我看病,看癌痛的夜诊。他第一次来找我时便询问我他的身体状况如何。

"勉强还可以吧。"后来我看他状态很差,可能没有多少时间了。顾及他的身体状况,我告诉他:"如果下次亲自来找我看病有困难的话,可以用手机录个视频,让家属拿过来给我看,省了你折腾,我也可以给你开药了。"

这位病人惶恐地瞪大了眼睛:"大夫,你是不是觉得我下一次可能没有机会再找你看病了?"

"反正我看你现在的情况,好像下次更困难一些。"

"那我是不是就快要走了。"

"我感觉越来越靠近了。"

"特别感谢你,这是我第一次听到大实话。之前无论从哪个科室出来,他们都告诉我没事,但我感觉自己情况越来越糟糕了。"

"大家都在这条路上走着。关键是自己要想明白,没有什么遗憾就圆满了。"

他点点头，走出诊室门的时候，他突然转过身问我："路大夫，你相信有另一个世界吗？"

我反问他："你信吗？"

"我信！"

我对他说："我也愿意相信。"他突然从脸上挤出一丝笑容："路大夫，特别感谢你，人生最后遇到你是一种幸运。但是，很遗憾，缘分可能要就此打住了。如果你也相信有另一个世界，在未来某一天，咱们不见不散。"

那天，我带着我的学生一起出的诊，他们觉得这一幕很瘆人，但我却感觉很温暖，是我与患者之间坦诚的温暖。

/ 第四章 /

我们在文化与信仰中安置自己的哀伤

中国的传统文化与人的 72 小时哀伤

中国传统文化是非常有智慧的。在民间传说中，有一座奈何桥。为什么叫这个名字？顾名思义，无可奈何之桥。任何人都应该做好所有决定，特别自信地过这个桥。否则的话，无可奈何，也没有回头路了。我觉得，所谓奈何桥，其实也是在告诫很多想要放弃生命的人，在生的世界面临着痛苦，去到另一个世界之后还要过一座奈何桥，这其实也是一件痛苦的事情。

在我们的乡间传说里，人死第三天在思乡岭有一座望乡台。老人说，一天不吃人间饭，两天走过阴阳界，三天踏上望乡台，踏上望乡台后，眼望故乡回不来。在中国的传统文化中，老人们可能对望乡台有一种迷信的解释。

但是，望乡台的传说其实也体现了一种智慧。

有一年在湖南开会，主办方让我讲一讲在亲人离世之后如何对家属进行哀伤抚慰。我之前看到过一些现代心理学数据，数据显示亲人逝去之后，亲属哀伤的顶峰期是 72 小时。亲人突然离世以后的这 72 小时里，一家人早已不知所措：找医院抢救，处理身前身后事，在医院结账，处理尸体。一系列的忙碌占据着亲属的身体和内心，他们的痛苦并没有机会表达。

72小时之后，逝者的丧事基本处理完毕，亲属平静下来了，这时痛苦油然而生，子欲养而亲不待。望乡台的传说可以理解为古人为哀伤的顶峰期设计的一个承载哀思的场景。亲人虽然已经离世，但他还在望乡台看着你，他什么都看得见，什么都听得见，能够与你交流，让你不留有遗憾。在某种程度上，这成了发泄逝者亲属心中痛苦的一种方式。但是悲痛的顶峰期过后，哀伤的情绪还在弥漫。逝者亲属会面临这样一种心理状态的起伏：在逝者活着的时候，尽管花了大钱为其治病，但是心理上会收获平静与平安；当他突然走了，痛苦也随之而来。

在中国传统文化中，人是分阴阳的，有魂和魄。魂属阳，魄属阴。人有三魂七魄，人死后阳气没了，也就是魂先没了，但是魄还在，魄每七天走一个。每一个魄代表着一件事，这些事包括生命的意志、事业、家庭等等。中国丧礼"头七"到"七七"的习俗其实就是为逝者离去后的每一个阶段赋予了不同情节。逝者在阴间每走一个关口，都会经历不同的刁难。比如某个阎王喜欢花，在"五七"的时候亲人就需要烧很多花。阎王看到这些花之后，就会让逝者通过这个关口。

这里面当然有迷信的色彩。但不考虑迷信，从"头七"到"七七"的整个过程，亲人依然能为逝者做些事情。在这种抚慰过程中，亲属为逝者不停地做事，他们内心的哀伤就会越来越少。先经历七七四十九天,而后百日,再后来到周年。

而在西方,周年是哀伤抚慰的一个评价周期。从这个角度来说,中国的传统文化是非常有智慧的,并不单纯是封建迷信。

我们来简单聊一聊哀伤抚慰,这是我正在尽力做的事。哀伤抚慰是帮助丧亲者走出哀伤情绪的一种医学和心理学上常用的方法,目的是通过一种人为主观上的疏导协助丧亲者在一段时间内缓解悲伤情绪,渐渐从悲痛中走出,回到正常的、属于自己的生活中去。"哀伤抚慰"一词是一个很西式的词,自然也是源于西方。但其实在我们中国的传统文化里,早已有与之相关的做法。

我们都知道人们的心理依附于特定的文化,西方的哀伤抚慰立足于基督教背景,而且他们有以此为职业的治疗师。而我们中国的哀伤抚慰,更多以身边亲友的劝慰为主,亲友们承担了缓解丧亲者哀伤情绪的角色,自古以来都是如此,其实这也是一种文化背景。

当人们因丧失亲友沉浸在悲伤情绪中时,周围的人常常会以"晓之以理"的方式劝他们,这是中国传统文化中不可被忽视的一点,也就是我们常常说的"中国人喜欢讲道理"。你一定听过这样的话:人死不能复生,节哀顺变;他这辈子不枉来人间一趟,值了;有生就会有死,这是自然规律……从这些话语中可以看出人们在劝慰他人时也体现了情感上的关切,而中国人的情感也不脱离理性,虽然是在用说理的方式,但在某种程度上起到了对当事人内心悲痛情绪的疏导作用,或者更多的是陪伴作用——有个人陪着说说话,让自己难以言说的悲伤能有发泄的去处。而扮演这个说理或是陪伴角色的，往往是身边的亲友。

　　亲友承担了丧恸者一部分的悲伤。这是中国传承已久的家文化带来的一种帮助。我们会更相信流淌在血液里的亲缘陪伴；还有一起走过了风风雨雨的好友，他们和我们有相同的话语连接。在孤立无援之际，亲友的陪伴和心理疏导可以让我们不沉沦在无边的悲伤里，能有一些心理能量想想实际的事情。

殡葬是一种抚慰哀伤的文化

与殡葬相关的一些东西，也代表一种文化。这种文化表达的是人们对身体的态度。从字面来看，"葬"字是一个草字头，中间一个"死"，下面近似"廾"。原始社会人们生命力低下，若是有人去世，亲朋好友会将其埋在草丛下。为什么要埋葬尸体呢？因为害怕逝者的躯体被动物吃掉。

我们常说到生命最后，能带走的只有自己的身体，所以慢慢地，不像原始社会那样只是简单地埋葬逝者，而是在某个人的自然生命终结后，生者会对他的躯体进行处理，这也是殡葬最初的意义。当一个人的生命走完全程，还活着的人就想到了用这样的方式来送别他，缅怀他。久而久之，殡葬渐渐拥有了文化的内涵，其中包括整个仪式凝重、悲伤和压抑的气氛，烦琐的流程，丧服的统一制式，逝者遗物的安葬，等等，无不透露着中国人对"礼"的坚守。

中国人的生死观也形塑着殡葬文化。不同的殡葬文化反映着不同的生死观，不同的生死观里又有着不同的道德伦理要求。但是在儒家文化看来，在生命生生不息的延续中，也饱含后代对养育自己成人成材父母的敬重，就像我们常听到、也常说的"养育之恩"，这是不论古代还是现代对"孝道"的核心要求。不过很多不同的地方对此也形成了不同的风俗，有好的，也有不好的。但是它最终要求我们的，是在这样一场仪式中能够静下心来，认真缅怀逝者，而后形成一种心性上的修养，在之后的日子里，能更好地敬老尊贤，体会"孝"的本意。

在我们古代的诗歌里也可以看到与之相关的故事。宋代有一位诗人林同写过这样一句诗：必如寇祖训，始不死其亲。寇祖训是北魏人，他和兄弟寇祖礼、寇隽三人摆设灵堂祭奠死去的父亲，《魏书》中记载"父亡虽久，而犹于平生所处堂宇，备设帏帐几杖，以时节开堂列拜，垂泪陈荐，若宗庙然"。意思就是说父亲虽然死去很久了，但还是会在父亲平生所居住的屋子里，整齐地陈设帏帐、倚几和手杖，按照时节依次祭拜，流着泪陈献祭品，如同祭祀宗庙。那句诗"必如寇祖训，始不死其亲"就用了这个典故，意思是说寇祖训兄弟三人父亲虽亡，但他们仍然在家中设堂祭拜，不把父亲当成亡人，就像他还在世一样。所以一切的仪式一切的悲伤都是因为生的人依然相信死去的亲人还在这个世界上，这里包含着中国人十分浓厚的情感。

所以，被很多人诟病的殡葬文化，其中有孝的深意，有"始不死其亲"。在很多与孝相关的观念被异化的如今，我们需要重新去感受它，或是在这个传统的仪式和文化中汲取一种新的力量，去更好地修缮自己的心灵。

在一场葬礼中，我们发现适当的厚葬可以安抚亲属内心的悲伤，所以说"葬"字逐渐演化成对逝者的一种非理性安葬。安葬逝者对生者的哀伤是有抚慰作用的。后来，这种抚慰逐渐演变成了一种文化传承，变成了社会责任和社会规范。

厚葬逝者对生者也有教育意义。这种葬礼能够不断教育后代，对于那些拥有丰功伟绩的逝者，大家会厚葬；而对于那些生平劣迹斑斑的逝者，可能就算暴尸街头，也没人料理。渐渐地，殡葬行业从业者能够以此养家糊口，安身立命。

这就是殡葬行业从厚葬逝者到安抚丧亲家属，再演化成文化传承和社会责任的路径。中国的殡葬行业为外界诟病颇多，其实有很大原因是人们并不了解殡葬的内涵和这条演化路径。

在一次中国的生命文化节上，殡葬行业召开大会，邀请我前去做演讲。我问了从业者一些问题："从事殡葬行业，以此安身立命，那么你们的工作究竟是为逝者服务，为丧亲家属服务，为文化服务，还是为社会服务，抑或为了实现自身价值？"他们并不能很好地回答这些问题。很显然，绝大多数殡葬从业者都是为了挣钱。

如今，殡葬行业已经走进了世界的大文化圈中。那些从业者去亚太地区开殡葬协会会议的时候，发现自己坐在那里不被任何人尊重，因为在整个文化语境中，殡葬行业的从业者是缺失相关文化涵养的，他们只是出于金钱目的去做这份工作。就连从业者自己，也发现他们自身缺失了很多文化。通过这些交流会议，他们渴望找回被人们遗忘的、藏在这个行业背后的许多文化养分。对于这一行业的从业者，怎样才叫"有文化"呢？在我看来，其实很简单，就是服务好丧亲家属，让他们满意，愿意花费金钱去买殡葬用品。而家属如何才能满意呢？就是很好地安葬逝者，通过这种逆向的方式将文化捡回来。

祭祀是礼的传承，礼是对往事的重温与再现。在亲人忌日的时候，我们都会去祭祀，站在墓碑前，我们与逝者隔空对话，这其实也是与逝者进行连接的过程，是一种文化的传承。它与殡葬仪式一样，也能帮助我们抹掉心底的哀伤。

信仰的力量

信仰就是信靠和仰望。当你六神无主，感到生命没有依托的时候，如果有一份信仰，那是一件很幸福的事。信仰可以缓解痛苦，它是给所有痛苦托底的一种依靠感。

在我小的时候，感到特别恐惧时，我的信仰就是我的父亲，他会紧紧抱着我。在我看来，父亲就是天，躲在父亲的怀抱里，我的恐惧就消失了。

我们接受的教育使我们成了唯物主义者，不相信任何关于信仰的东西。看着我的父亲在渐渐老去，我心里的依靠感也越来越稀薄。

以往我们所接受的"付出就会有回报，努力就会有结果"的教育在疾病面前往往失灵。患者罹患恶性肿瘤之后，他的生命并不见得会因为他之前的努力就此延长。

医生的职业习惯使得临终患者在他们眼中也不过是一个个普通人，病人因此会从主观上认为我们对他们不够关心，而家属也会出现疲乏，甚至彻底失望。如果是这样，无异于将病人推向无助的边缘。如果此时我们有信仰，可能在精神上就会有个依靠。如果将信仰硬生生从生活中剥离出去，我们将会如坠无底洞一般，一层一层跌落向下。

有一次，我去沈阳开生命教育的会议。沈阳天主教协会知道我的到来，邀请我去天主教堂拜访。我去的时候，中国信教者的大弥撒已经做完了，还有几个欧洲人在做小弥撒，其中还有一位来自马来西亚的老人。他常住沈阳，得了肺癌之后已经全身骨转移，正遭受着疼痛的折磨，时日无多。他在神像前祈祷，希望神能够原谅他所有的过错，希望死后能够进入天堂。

神父主持了一个叫"富有盛世"的活动，告诉这个祈祷者："主与你同在，会原谅你所有的过错。"看到这个场面之后，我问神父，可不可以询问病人几个问题。这位病人也乐意接受我的互动问询。

我问这个70岁的肺癌患者："我特别推崇你们这些有信仰的人，心中有一个依靠。我想知道，你现在面临这么多身心痛苦，将不久于人世。你什么时候求助于你信仰的神？又什么时候求助于我们医生？"

我很喜欢他这个回答："我们家三代都是纯正天主教信徒。在我们看来，人生起点在哪里，终点在哪里，完全都是神的旨意。我相信我人生所有的荣耀也是神安排的。但是，我患病之后，确实也面临很多躯体的疼痛和不适症状。这个时候，我的主——上帝——就派你们这些天使来帮助我缓解痛苦，我心存感激。无论生命什么时候结束，我都心悦诚服地接受。"

这就是信仰的力量。

不同的宗教对于痛苦都或多或少有抚慰的作用。之前看到国家统计局公布的数字，2018年中国60岁以上的老年人口已经突破2亿，正在向3亿增加，老龄化社会已经是我们国家面临的一个国情。这个信息告诉我们，老年病人也在逐渐增加。

我曾经在中国人民大学的一本期刊杂志上看到过有关老年人宗教信仰的一项研究，感触颇深。我的临床经验告诉我，除了那些本身有信教传统的人，有宗教信仰的患者一般都是老年人，宗教的抚慰在一定程度上可以缓解疾病带给他们身心上的痛苦。我记下了那篇文章里提到的一个数字，文章指出老年人慢性病的增加将提高老年人信仰宗教的可能性，慢性病的数量每增加一类，老年人信仰宗教的发生比例会增加32.3%。[1]看到这个数字时我既心痛，又有一丝欣慰，想想我们的老人在这个时候心里还能有个信靠和仰望，痛苦或许会减轻一些。这项研究关注到的患慢性病的老人，我在工作和生活里也会接触到，有一大部分都是癌症晚期患者，生命已经进入临终状态。我就在想，我的这些病人的痛或许更甚，他们中有的人也信仰宗教，那是他们在最艰难的时刻所相信的东西，不论是信仰佛教、道教还是其他教派，都会帮他们不那么痛苦，看待世事会更加从容，心里或许还会感觉到幸福。

---

[1] 杜鹏，王武林. 中国老年人宗教信仰状况及影响因素研究[J]. 人口研究, 2014, 38(06):64-75.

我本人没有宗教信仰，对不同的宗教了解不深。但是，我发现任何一个宗教，对痛苦都有类似的抚慰作用。佛教故事里，地藏王菩萨说："地狱未空，誓不成佛。"天主教亦然，涉及拯救、宽恕，把你从痛苦中带出来。

前段时间，我去另外一个天主教协会参加活动。一位神父给我讲述了一个姑娘的故事。这个姑娘的经历比较丰富，她有复杂的夜生活。有一天，她喝醉酒之后，不知什么原因，死于非命。姑娘的母亲特别痛苦。按照基督教教义，这个姑娘是要下地狱的。这位母亲到神面前忏悔，她不希望自己的女儿是如此下场。这时，她求助于神父，询问他："我的女儿会不会下地狱？"

"你的女儿不会下地狱的。"神父这样回答她。

"为什么？按照教义来说，我的姑娘做了那样的事，肯定要下地狱的。"

神父紧接着追问道："那么，你爱你的女儿吗？"

"当然爱，我都想替她去死。"

"你一定要相信，上帝比你更爱你的女儿。你都不舍得女儿下地狱，上帝怎么舍得你女儿下地狱呢？"这与佛教中的"地狱未空，誓不成佛"一样，都是对人生的一种拯救。

宗教可以帮助我们对逝者家属进行哀伤抚慰。如果患者是天主教教徒，我们就用主来抚慰他；如果是道教信徒，我们就用道教的文化安抚他；如果是佛教信徒，我们就用佛教的教义来引领他。

西方有一个濒死学专业委员会，他们研究发现，那些有过濒死体验的人，不管这些人是何种宗教信仰，何种种族，多大年龄，当他们在描述死亡体验的时候，都会信马由缰，说自己看到满目苍翠或者是圣光之类的景象。如果他信仰佛教，他可能会看到释迦牟尼；信仰道教，可能会看到道教的圣人；信仰天主教，可能会看到耶稣。大量研究表明，信仰是贯彻一个人从生到死的。但是，宗教所能解决的问题是有时段的，它并不能解决所有问题。在进行生命后期抚慰时，我觉得也需要因人、因地、因时、因文化而制宜。

我并不觉得现代人的生死观念比古人更好一些。美国前总统老布什和他的夫人在去世之前，都想要一个充满欢乐的葬礼。社交网络上一片点赞之声。看到大家的表态，我有些不以为然，并且为国人简单的逢迎感到难过。在中国，其实早在庄子生活的那个时代，就已经有鼓盆而歌的传说了。庄子的夫人死了，惠子前去吊唁。庄子坐在地上拍着盆唱歌。惠子说："庄子你老糊涂了，你的爱人去世了，不哭已经够呛了，你还鼓盆而歌，太不像话了。"但是，庄子告诉他说："预知生命无可奈何，不如安之若命。"这就是一种很释然的做法，视死如归。

目前，西方的一些观点正在逐渐渗透进汉文化的生活圈，带来了一些信仰的东西，有些内容确实能够起到抚慰哀伤的作用。但我们并不强求每个人都必须有信仰。

在这里有必要提一下"灵性"和"灵性痛苦"这两个概念。在我看来，每个宗教都源于灵性，源于人性追求神性的旅程，所以灵性是大于宗教的。宗教是在用它的教义去告诉人们真相，而灵性是告诉人们自己去发现真相。

灵性多指人生而具备的禀赋，包含智慧、聪明、才智。如果说人类是用感性来感知世界，用理性来认知世界的话，那灵性就是感知和认知基础上改造世界、剥脱束缚的一种能力。灵性的觉醒常取决于个人灵性成长的进程。通常有两种情况会引发灵性：一是遭遇不测，如意外伤害、生病、死去亲人；二是人生重大转折，如下岗、离婚等。这些事情会迫使人们将注意力转向内在，面对更深层的认知和内心情感。

人们对于疼痛和痛苦的感知，无论是简单的躯体疼痛，还是更为复杂的心理痛楚，大多会抱持憎恨的态度，这其实是一种情绪上的痛苦，作为医者，需要深层次地察觉，并拥有抚慰深层创伤的能力。我们这个行业通常所说的灵性痛苦，就是对此的察觉。临终时刻矛盾凸显，直接影响了逝者的死亡质量和亲属的人生观。这时，患者本人受身体病痛牵制无力改变现状，无法征服病魔，更不能摆脱身心困扰，这就是灵性痛苦，家属也因为无助而感到痛苦。

我们目前就在尝试能够从识别灵性痛苦开始，去抚慰每一位患者和他们家属的内心，让他们更从容，能够找到属于自己生命的真相。

在灵性痛苦的抚慰过程中，我们发现患者往往希望同自己的家人和朋友待在一起，要求更好地缓解躯体不适症状，完成未完成的心愿，弥补曾经犯下的过错，有机会写下自己人生的回忆录等。这些片段我们常常在外国电影中看到，其实这就是一种对生命意义的重建。患者希望在这个时候做这些事情来拓展生命的宽度,收获另一种价值。

当你不断用意志挖掘自己的内心,这种灵性可以让你超越自我。因此身为医者,我们更多倡导的是一种对灵性痛苦的抚慰。

/ 第五章 /

我自己和我的家庭，哪个更重要？

家文化，影响一个人的临终决策

个人利益与家庭利益之间的整合，其实非常重要。从事临终关怀、生命教育这么多年之后，我突然发现我们医者的关注点其实是非常浅层的。很多罹患肿瘤的患者走到生命的末期，他们面对生命的终结都会有个人的需求和愿望。我们不能片面地去考虑如何帮他个人解决问题，而是应该将他的需求放在家庭中进行处理。

在中国传统文化中，家文化非常重要。每个人临终之前，都会在个人利益与家庭利益之间进行博弈。他们往往并不是单单考虑自己，而是将自己的角色融入家庭当中去衡量。如何实现家庭利益的最大化对他们来说可能更重要。所以在我们的这份工作中，作为患者临终之前最后一段路程的方案设计师，必须要以中国传统文化中的家文化为出发点。对于家文化，东西方文明之间存在很大差异。在西方文明中，家庭成员之间比较独立；而中国的家庭关系是非常整合的，家人之间的联系十分紧密。

举个例子。我 50 岁了，假如被诊断出得了肿瘤，治疗需要花费 200 万，但是我的家庭存款只有 150 万。在这样的情形下，我一定不能因为我自己的疾病而把我的父母和孩子的生活拖垮。通过将这些实际情况整合之后，我可能会做出一个决定。我不会花费150万来治疗肿瘤，而是选择只花费70万。我不能因为自己身患绝症而将整个家庭的生活水平拉低。

由于这70万的抉择，我可能会选择治疗条件稍差一些的医院。放化疗原本需要做8个疗程，我只做6个疗程。500元的营养液，我可能买不起，但我会选择买300元的。在生死攸关的时刻，我肯定会把个人利益放在家庭利益中间，在心里整合之后再提出诉求。

当一个人即将离开这世界，便面临着要向这个世界道爱、道谢、道歉、道别。我们通常把这八个字叫作"四道人生"，这是安宁疗护中常用的方法，一般在宁养院，医生或是护理人员会用这"四道人生"疏导患者心里的困惑。根据个别宁养院推行实施的一些情况来看，这个方法有助于患者重新理清他和他的家庭，以及他和这个世界的关系。因为到了即将告别的时刻，患者不再只想着自己要如何。平时，有些对家人说不出口的爱、感谢，或是上次和朋友闹的矛盾……这些积压在心里的情感，此刻都变得异常珍贵，他们需要表达自己，把自己的所思所想一层一层地解开。这其实也是把自己放在家庭和社会中去进行利益整合的过程。

所以临终患者最后的诉求，一定需要考虑个人和家庭利益之间的关系。

在临床的实际经验中，我们一直强调要进行中国特色的生命教育。西方社会一直在奉行社会化养老，这是由于西方家庭的关系相对比较疏离，每个人成年后都倾向于过自己的生活。中国不同，我们国家虽然也在提倡社会化养老，但其实没有几个老人愿意离开自己的子女。他们还是希望生活在子女身边。这就是中国特有的传统文化带来的观念和选择，我们应该重视这一点。

一个成功的样本

有一位来自河南的患者,病情确诊为乙肝肝硬化转为肝癌。他来找我看病的时候非常年轻,只有 35 岁,距今约八年。他最后一次来找我时,癌细胞已经骨转移了,出现了全身疼痛的症状。

他问我:"我的疼痛有没有办法治疗?"

"有办法,可以治疗。"

"那我的病能好吗?"

"病不一定能治好,但是疼痛肯定能止住。"

"为什么我到了大医院,他们都说这病我们治疗不了,可私人医院都说能治?"

"哪个医院表示能治?"

"内蒙古某某医院。"

"治疗的话,大约需要花多少钱?"

"要花 30 万。"

"你感觉他们能治好吗?"

"我并不知道,所以才来咨询您。"

我问了这位病人的病史。他27岁结婚,找我看病那一年35岁。结婚这八年,是他与病痛抗争的八年。

"你这病得了七八年了,也应该对自己的疾病有充分的了解。你觉得现在你人生的意义是什么?治疗的最终目的是什么?"

"我现在已经麻木了。我的父亲和母亲都是民办学校的老师,收入不高,但是生活比较稳定。25岁的时候,我患上了乙肝,当时病情还比较轻。27岁那年,我结婚了。结婚之后乙肝演变成了肝硬化。如今我的孩子已经六七岁了,媳妇嫁给我之后一直都在东奔西跑陪我看病。在孩子印象中,父亲从他出生之日起就是个病人。但是即使结果是这样糟糕,我依然是全家的希望,是我父母的希望,我孩子的希望,我爱人的希望。可是这种希望太沉重了,我根本不知道该怎么办。我就只好跟他们配合,他们需要我怎样,我就怎样。"

"关于你的病,你自己肯定已经查了很多资料,你觉得能治好吗?"

"治不好。"

"总有一天你要到另一个世界去。你反感我这样说吗?"

"不反感,这个问题我都想了千遍万遍了。"

"现在家庭状况怎么样?"

"特别不好。我结婚的时候,家里还时不时添点东西,之后除了添了个儿子之外其他什么都没添置过。新衣服也没买过。我结婚时,父母已经退休五年了。现在为了给我治病,他们又去各种辅导班教课,依然在工作。我看病这七八年已经欠了二十多万的债,能借的亲戚都借遍了。"

"我们设想一下,假如有一天,你又借到了30万,而后把这些钱送到了说病能治好的那家医院。你活了几年以后发现病还是治不好,最终离开了人世。当你可以俯瞰人间的时候,你会发现你的父母80多岁了还在教学,你的儿子因为你,身上还背着债,你的债需要他来偿还,这导致他无法上最好的学校。他除了读书以外,还要勤工俭学。你的爱人嫁给你之后,不仅要带孩子,还要还你之前欠下的账,从来没有舒服地过过一天好日子,整日忙于工作。如果是这样,你在天上是什么感受?"

他突然崩溃了。他太矛盾了,才35岁的年纪对人生充满不舍。我遇到的青壮年患者往往都是这样,他们已经为整个家庭丢了自己。但是从结果往回看会发现,他们的生活,他们的希望,对家人来说反而可能是一种折磨,是一个巨大的负担。

"如果你花30万把病治好了,你希望自己的生活是什么样的?"

"好好回馈我的父母,自己努力工作,好好培养我的儿子,给媳妇买几件漂亮衣服。"

我知道这种可能性并不大,但是我要让他说出来,说出来家人内心会温暖一些。

"如果我把你的疼痛祛除了,让你余下的时光相对安静,虽然这个时间不会太长,也不一定能挣钱养家,你会想做什么?"

"我希望陪孩子做作业;告诉父母别那么辛苦了,就在我家隔壁的幼儿园工作;希望爱人工作生活能平静下来,不用天天陪我看病了。我想让全家人在一起。"

"你这个要求一点都不高,马上就可以实现。"

我跟他聊完之后他就想明白了。第二天,他带着姐姐、侄子和媳妇过来跟我告别:"谢谢您,这趟北京没白来。"

一个失败的案例

我曾经治疗的一位患者,是福建某地的一位法官,46岁。这位患者的性格比较自私,出现疼痛病情后会影响整个病房其他病人的休息。他经常埋怨医生护士无法缓解他的痛苦,与谁的关系都不融洽。这位患者住院后,大把的钱都花在了用药上。他的爱人一直陪他在医院里吃住,晚上就在楼道里睡觉,舍不得住宾馆。

有一次我与他妻子聊天:"你真是挺辛苦的,陪疗挺不容易的。"他的妻子流着泪说:"全家都是为了他,能卖的都卖了,房子也卖了。儿子大学还有一年毕业,为了他也已经休学了。他哥哥原来是个小老板,为了给他治病,厂子也不干了,把家里的商店都关了,筹了50万。但他还是那么自私。"这位患者始终觉得亲人都得为他的病服务。后来,我找了一个机会,与病人谈了一次心。

"你希望自己的病治疗到什么程度?"

"治好啊!"

"经过长时间与医院打交道,你应该知道自己的情况。如果无法治好,您希望治疗到什么地步?"

"起码要活到我儿子结婚。"

"家里去年一年为你的病花了多少钱?"

"80万,都花到你们医院了。"

"到你儿子结婚还有几年?"

"我儿子还有1年大学毕业,到他结婚起码得5年。"

"按这样算的话,5年400万。这个钱对你来说压力大吗?"

"那我就不管了,我生病以后没法挣钱了,他们得帮我想办法。"

到这个时候,他还不知道儿子已经因为他休学了。

"假如说你的儿子为了给你看病,已经不上学了,在打工。你会怎么想?"

"不怎么想,他就应该好好上学。"

后来,我实在没办法,就把他儿子已经休学的事情告诉了他。他听了之后特别生气,给儿子打电话骂他:"你为什么休学?你知不知道我想多活几天就为了看你大学毕业,盼着你结婚娶媳妇……"

这是一个完完全全将个人利益凌驾于家庭利益之上的例子。最后这位患者去世的时候,身边的亲人都没有得到安抚。面对这样的患者,我们的工作重点已不再是他本人,而是他的家属。把家属的心理安抚好,告诉他们如何妥协接纳才是最重要的。在不会有良性结果出现的时候,开导他们把自己的事处理好,我觉得也是一种抚慰。

生命的决定权在谁手里？

当一个患者的生命进入弥留之际，到底谁才拥有他生命的决定权呢？这里涉及生前预嘱的问题。提到生前预嘱，很多人也许经历过或者正在经历这样艰难的时刻。

生前预嘱是指在患者意识尚且清醒的时候用书面形式表达的关于临终医护的愿望。这是关于病人的一项权利，主要维护病人的利益。欧美国家在早期一系列运动中渐渐关注到了病人的权利问题，美国医院联合会在1973年颁布的《病人权利法案》中对此界定得比较明确，主要涉及知情、同意、拒绝、保密、医疗、持续照顾、获取账单等诸多方面。

我之前读到过中国人民大学的王利明老师在2003年写的一篇文章，文中阐述了美国开展生前预嘱的情形，以及与法律层面相关的事务。生前预嘱由美国伊利诺伊州的一位名叫路易斯·库特纳的律师率先提出。这位律师参考美国的《财产法》，允许个人对自己身故后的财产事务提前做好安排，突出了让个人提前表明在身体无法自主时想要得到的医疗护理要求。①

在欧美国家，生前预嘱是一项非常个人化的权利，患者有权决定自己的临终尊严。但是放在中国，这项权利变得复杂了，因为在中国的传统文化体系里，家庭整体的决策是排在个人之前的，患者的很多痛苦是与家庭相互撕扯的。中国有家长制下的集体决策方式，长者的权利受到尊重，以及我反复提到的关于中国人的生死观问题，死亡是一个非常忌讳的话题，不到万不得已是不会谈的。这一系列的因素都导致患者本人的声音被压下去，他的身体感受和心理痛苦没几个人能读懂，到最后只是患者和整个家庭都在苦苦消耗着彼此。患者希望在生命最后的时光能好受一点，能做自己想做的事，能了却几桩心愿；而家属则希望他们能再活得久一点。这是每一个中国家庭面临的难题。

一般人在谈论生死的时候，一定要考虑到一旦我面临这样的情况，到底最终应该由谁来为我做决策？或者我已经决定了我要怎样做，他们按照我的要求去做就好了。关于生前预嘱，如果没有处理妥当，后续一定会带来很多矛盾，无法调和。

作为一名从事生命教育的医生，考虑到中国文化的因素，我依然建议和鼓励患者在弥留之际或是更早、在心智还健全的时候写下这样一份生前预嘱，这是患者和他们的家人共同梳理自己、理清痛苦的一个好时机。也给正在经历这件事的家庭一个思考的机会——

---

① 王利明. 法律行为制度的若干问题探讨[J]. 中国法学, 2003(5):74-86.

个人利益和家庭利益,究竟应该如何平衡?我想他们会从中体会到更多。

我在301医院工作的时候,遇到过这样一件事。医院当时安排我为医护人员作善终知识的讲座。讲座过后,一个护士过来与我交流,她对善终这件事深有感触。

她的婆婆是一个渐冻人,住在一家大医院,用呼吸机的时候已经没有意识了,依靠机器整整坚持了两年。这位护士的丈夫有一个哥哥,当兄弟俩发现母亲已经没有意识出现脑死亡的时候,起了争论。老大认为这样继续下去是对母亲的一种折磨,护士的丈夫却表示:"你要是不愿管老妈,可以不管。但是,如果你拔了管,就是你害死了妈妈。"

两兄弟吵得不可开交,双方争执不下。老大后来就不再付出了,他认为妈妈已经去世了,这样折磨母亲是一件残忍的事情。老二却觉得,母亲的心脏依旧在跳动,实在不忍心做出拔呼吸机的举动,这样他的内心会充满愧疚。当老大不再负担母亲的医疗费之后,老二独自肩负起了母亲的全部治疗费用。一年的花费就是一百多万,两年下来,老二的家庭花了两百多万。这位护士的家庭生活水平因为要负担婆婆的治疗费用而被拉得非常低,老二也生活在痛苦之中。这位护士问我他们到底该怎么办?老大和老二到底谁对谁错?

这里涉及一个伦理问题,无法分清孰是孰非。这是他们家庭关系中形成的模式。假如他们的母亲在意识尚清醒时表示,一旦我出现了这种情况,不要进行任何无谓的抢救,这个问题就迎刃而解了。但是他们的母亲没有做出任何决定,而是让孩子自己做决定,这一定会给儿子留下无尽的痛苦。老大在心理上饱尝着丢下母亲的痛苦,老二从物质到精神都非常辛苦,兄弟二人没有一人好受。生命末期,涉及个人利益与家庭利益的整合,像是生前预嘱这样的问题是需要摆在桌面上全家讨论的。

再举个例子。某位患者马上就要去世了,他有两个儿子。只要他还躺在医院里,还有心跳,还有呼吸,每个月他就会有三万块钱的退休工资,而且医药费是全额报销的。其中大儿子生活不太好,他需要依靠这三万块钱生活。换言之就是他需要他的父亲活着;而老二有很好的工作和薪水,他觉得这样对父亲是一种折磨,不应该再继续下去。

两个儿子之间就出现了分歧。这位患者的生命到底又该由谁来做决定?

如何整合个人利益与家庭利益？

如何平衡个人和家庭之间的利益？这时临终家庭会议就显得十分重要。人在临终的时候，都需要将自己放在家庭结构中进行整合，通过商议达成一个共识。

召开家庭会议之前，首先需要读懂临终患者的语境和语意，需要弄明白患者在什么样的环境下才会表达那些愿望，那些愿望又是对谁说的。

有些肿瘤患者会对伴侣说："你看我这病也治不好了，还拖累你，我还不如早点走了呢。"患者说这番话其实是在征求对方的意见。这时候如果他们的伴侣说："你不要那么想。没有你我活着也没什么意思。有多大力使多大力，你就安心治病。"听到这样一番话，患者的心里会很温暖，他们会觉得虽然自己在消耗着家里，但是自己和家庭是奔着一个共同目标前进的，是一个利益共同体。但是，如果患者家属说："说这些废话干什么，谁不想活啊，你想死真舍得吗？"这样的话其实会让患者觉得自己不再被需要了，是将他们往反方向推。患者心里肯定是非常不好受的。

除了要了解患者的语境和语意，还需要搞明白善终与家庭之间的关系。善终是患者预先知道死亡时间，身体没有病痛，心中了无挂碍。中国文化中有一点非常有意思：善终与年龄无关，并不是说活过60岁才叫善终。没有遭遇横祸，预先知道死亡时间，身体没有病痛，心中了无挂碍，是为善终。暴毙不算善终，得了心血管病、脑血管病也不能算善终，因为他们还有很多遗憾。

佛家在《十二品生死经》里谈到了善终有三个层面的含义：小善终、中善终、大善终。小善终是没有遭遇横祸，身体没有病痛，无病而终；中善终在小善终的基础上多了一个心理层面的感受，没有怨气和内疚，安然离去；大善终多与信仰有关，而且预先知道了临终时间，心中了无挂碍，升天那一刻，鼓乐齐鸣，驾鹤西游。

大善终里提到心中了无挂碍，这些挂碍中有很大一部分与家庭有关，所以这时临终家庭会议与善终休戚相关。那么这个家庭会议应该如何开，又有谁需要参加呢？家庭会议到底应该以谁的话语权为主，组织者又是什么样的角色？家庭会议是不是千篇一律，是否应该按照统一的模板进行？

针对不同的患者情况，应该进行个体化决策。临终家庭会议必须是个体化的。在我看来，家族利益是凌驾于个人利益之上的。在举行家庭会议之前，需要召开一个预备会。通过这个预备会决定谁来参加家庭会议，有资格来参加家庭会议的一定包括患者的直系亲属。但假如有些亲属对患者漠不关心，他们有没有资格参加家庭会议呢？这就需要站在患者的角度来考虑。

接着就涉及会议讨论的内容了。首先要讨论的是一个非常普遍的问题，也是很多家庭会产生隔阂的难题：最终谁获益。到底是患者获益，还是家庭获益？之二是要讨论当家庭利益与患者利益出现矛盾时，应该秉承什么样的处理原则？又由谁来主导？在家庭会议上达成共识之后，最后还涉及一个由谁来执行的问题。

当然，家庭会议还应涉及一个更为宏大的内容，就是个人利益、家庭利益与社会利益之间的冲突。我认为，一个人，首先应该属于时代，而后属于社会，最后才属于他自己。在进行利益整合时，也应该对此有所考虑。

/ 第六章 /

安乐死与自杀

到底什么是安乐死？

安乐死是一个最近常被提起的话题，尤其是媒体发达的今天，我们几乎隔一段时间就能看到关于国外某人请求安乐死的新闻，加上这本身与医学、伦理息息相关，所以我也很关注这个问题。

安乐死（Euthanasia）一词源自古希腊语，古希腊、古罗马时期，允许病人或功能障碍者"自由辞世"，追求一种"好死"。柏拉图在《理想国》一书中也提到过："身体不好者应任其死去，灵魂不好者应将之杀死。"[1]可以看到如果追踪最早出现的安乐死概念，它是一种哲学层面的探讨，还未涉及医学领域。

中国掀起第一次讨论安乐死的热潮与一个叫王明成的人有关，这件事发生在1986年。王明成是陕西省汉中市人，他的母亲夏素文因为肝硬化腹水在医院过得很痛苦，于是王明成请求医生为他的母亲实施安乐死，他也在相关材料上签了字。由于病患家属的请求，负责的医生蒲连升给王明成的母亲安排注射了复方冬眠灵100

---

[1] 柏拉图.理想国[M].郭斌和，张竹明译.北京:商务印书馆，1986.——编者注

毫克，病人在注射的 19 个小时后死去。事发后，蒲连升、王明成被当地检察机关以故意杀人罪起诉，并实施了抓捕。因为这件事情节显著轻微，危害不大，不构成犯罪，后来，两人被宣布无罪释放。

此事经由媒体披露，在社会上形成了舆论热潮，这是我们在中国看到的第一件与安乐死有关的案例。

前段时间，媒体报道来自荷兰的一个 17 岁女孩诺亚因为不堪忍受年幼时被性侵的残忍经历选择了安乐死。这给她的父母留下了很多遗憾和痛苦，他们对此是拒绝的，认为女儿应该首先完成心理上的创伤治疗。

《中国大百科全书》（法学分册）中，对安乐死的定义是：对于现代医学无可挽救的逼近死亡的病人，医生在患者本人真诚委托的前提下，为减轻病人难以忍受的剧烈痛苦，而采取措施提前结束病人的生命。从这个定义出发，可以看出安乐死的一个实施前提是，医生已经无法为患者缓解剧烈痛苦，在某种程度上，这种痛苦是身体的疼痛造成的。

如果根据字面意思，"安乐死"这个词在中国传统文化的语境中，本身就是不和谐的。安乐死属于一种消极的、不负责任的离开这个世界的方式，逝者从痛苦中解脱了，但是却把痛苦和遗憾留给了亲人。

作为一名医生，我一直支持"医乃仁术"，我们的第一要务一定是尊重患者的生命，没有什么可以逾越生命。医生从不扮演一个有权终止病人生命的角色，在我们还有办法能够止住患者的疼痛，可以疏导他内心的痛苦时，安乐死绝不是一个好的选择。

有人认为安乐死是善终，在我看来，那是无稽之谈。善终是预先知道死亡时间，身体没有病痛，心中了无挂碍。但是对于选择安乐死的患者来说，他们的确预先知道了死亡时间，但真正能做到了无挂碍吗？

有些人把安乐死称为医助死亡——医生帮助死亡。如果从医生帮助死亡的角度来理解，它其实绑架了医生对生命的敬畏。我从事生命教育这么多年，如果让我帮助一个人死亡，我心里这道坎是迈不过去的。我的职责是尽可能帮助病人缓解痛苦，而不是让他们以死亡的形式终结痛苦。痛苦是活着的人才会有的感受，死去的人是没有痛苦的。痛苦对于死去的人来说是毫无意义的。在我的概念中，当患者仍然活着的时候，应该想尽办法对他在肉体上、心理上和精神上的痛苦进行缓解，这是我们应该追求的目标，而不是简单地让患者就这样死去。对于任何一个受过医学教育的人而言，让他去帮助别人死亡，心理上一定会存在障碍。

目前，安乐死在我们国家的文化传统和知识体系中是不提倡的。我注意到，在我所看到的一些安乐死的相关报道中，在描述患者选择安乐死之前，一定有一句话：病人不堪忍受痛苦。我会想，如果我们把痛苦处理掉，他还会选择安乐死吗？我觉得作为医生，我们的关注点应该在"病人不堪忍受痛苦"上。如果可以很好地处理这份痛苦，其实安乐死的选择是可以改变的。

安乐死是一种选择，但是站在医生的角度，我认为首先应该敬畏生命，这个选择不应该置于宝贵的生命之前。如果生死教育做得好，他们还会选择安乐死吗？在我看来，安乐死仍然面对着很多尚未解决的问题。作为生命教育的从业者，我们应该从物质层面、精神层面和技术层面的方向为患者去努力，而不是失去对生命的一份敬畏，让他只想了结自己的生命。当然，患者提出了安乐死的诉求时，我们应该尊重。毕竟这个世界上，有太多人类无法解决的痛苦。但是作为一名医生，作为生命的医生，除非山穷水尽，否则我永远不会把安乐死当作最终的解决方案。

目前国际上对安乐死立法的呼声十分高亢。但是在我的认知里，为安宁疗护立法应该先于为安乐死立法。因为安宁疗护尚可让患者享受生命中的最后一段时光，而不是在不堪忍受的痛苦中选择结束自己的生命。如果这种机会都无法给予，那一定是社会责任的缺失。当患者遭受疼痛，就让他根据自己的意愿选择死亡，长此以往肯定会出问题。

自杀与安乐死

世界卫生组织在 2014 年发布了首份全球预防自杀的报告，报告中的数据显示截至 2014 年，每年有 80 多万人死于自杀，即每 40 秒就有 1 人自杀。

早在 2003 年，北京心理危机研究与干预中心对自杀者进行过一项调查，数据表明，许多自杀者都属于冲动型自杀，他们考虑自杀的时间非常短。37% 的人考虑时间不超过 5 分钟，46% 的人不超过 10 分钟，60% 的人不超过 2 小时。[1]

在一部分人的认知里，与其选择安乐死，还不如自杀，至少后者不涉及用道德绑架他人。其实安乐死与自杀，涉及的都是个人意志，自己太痛苦了，想要告别这个世界。但是，自杀与安乐死还是有着本质上的区别。自杀是自己默默结束自己的生命，无人知晓。而安乐死是与周围的人进行了充分互动之后，选择告别这个世界。

翻看很多研究自杀的文章，会发现有很大一部分癌症患者倾向

---

[1] 费立鹏. 中国的自杀现状及未来的工作方向[J]. 中华流行病学杂志, 2004(04):8-10.

于选择这种冲动的方式了结自己，主要原因与躯体的疼痛、精神的痛苦、生命质量的下降以及难以承受的经济负担等有关。从 2018 年 8 月份到 2019 年秋季，我治疗过的患者已经有七八位尝试了自杀。有两位已经用此方法离去了，包括在书中开头提到的那位浙江省的患者。

不是谁都有勇气选择自杀的，当他做出决定的那一刻，其实已经到达了另一种人生境界。从某种程度上来说，自杀这种行为是值得尊重的，从个人意志上来说，他以自己的方式告别了这个世界。他无法选择自己的生，却有权利决定自己的死。但是，国家和社会不提倡自杀，因为这会引发巨大的社会危害。

人在决定自己生死的时候，应该在天、人、物、我之间达到一种平衡，我们说这是人类认知的四个方面，人在成长的不同阶段，对于这四个方面的认知是不同的。这个排序基本就是我们认知世界的一种方式，它统领着我们的人生观、世界观和价值观。"天"代表着一种不以人的意志为转移的客观规律；"人"代表着作为人类，我们应该认识到人如何通过天获得自身的生存和发展；"物"就是除了人之外的一切客观存在，我们生活在一个客观的物质世界当中，每一个物都有属于自己的物性，要掌握不同的物在这个世界中的存在方式；最后是"我"，是对自我的认知。"我"就是所有人中的一个个体，所有个体构成了人的整体，"我"在天、人、物的平衡中生存着。有一位英国诗人约翰·多恩写过这样一首诗：

没有人是一座孤岛，

在大海里独踞；

每个人都像一块泥土被海水冲刷，

欧洲就会失去一角，

这如同一座山岬，

也如同一座庄园，

无论是你的还是你朋友的。

无论谁死了，

都是我的一部分在死去，

因为我包含在人类这个概念里。

因此，不要问丧钟为谁而鸣，

丧钟为你而鸣。

  人并不是独立生活在这世界上某一个地方，没有人可以独善其身，我们就是在很多平衡的关系中存在着，从而能渐渐认识周围，也能看清自己是怎样一个人，如此方能寻求永恒的生命价值，并在不断超越和整合中得到平安的感受。所以我一直认为，对于自杀者，他们得到了解脱，但是他们的家庭失去了平衡。

  前段时间，在重庆发生的一个事件曾引发了社会广泛的讨论。在一支中老年游长江队伍中，有一个队员患了肝癌。患癌早期，这位患者在积极治疗；但后期发现医治无望，便放弃了治疗。

在一次横渡长江的活动中,他想着自己已经到了生命最后阶段,便选择随着长江水漂流而去。他在朋友圈留下了这样一句话:生于斯,死于斯,化于斯,融于斯。

自杀从来不是一种个人行为

我经常拿这起肝癌患者在长江自杀的事件在生命教育课上公开讨论,并提出很多问题。有的专家认为,这本身就是自杀,只不过他的选择非常有意义,走得很安详,将生命融入了长江之中。他们认为这种死亡方式是正向的。

但是,也有专家提出了质疑。跳楼者岂不是也可以这样写:吾虽小,与蓝天一起宏大;吾虽简,与土地融为一体。在某种意义上,跳楼者拥抱了自己的蓝天。死亡可以被美化,但却无法掩饰其中存在的责任。打个比方,某人参加朋友聚会时喝醉了,而后意外离世。家属可以状告逝者的酒友,认为他们要负主要责任。

选择在长江中自杀的这位逝者的家属,如果要状告逝者的队友,队友们是否应该承担责任呢?逝者随着长江漂走,尸体漂到下游,总有一刻会停下来。路人发现了这具无名尸,会上报公安局。公安干警经过三个月的侦查,发现这是一起自杀事故。那么是否涉及引发社会危害、浪费社会资源的问题呢?

自杀从来不是一种个人行为,它会引发一系列相关问题。

说到这里，究竟什么样的死亡，更容易被社会所接纳呢？在中国传统文化背景下，如果死亡是一件极其平常的事情，而且选择死亡者和与之相关的所有人，都有平安的感受，是更容易被社会所接受的。

/ 第七章 /

从现在起,想象一次死亡

你有没有想过何时会死去？

在平日的工作中，我经常与其他医生做这样的互动："你有没有想过哪天会死？多大岁数死？80岁，90岁，100岁，200岁，或者1 000岁？"

读者朋友们，你们有想过这个问题吗？

我们来为生命标注三个点：起点、终点以及现在。从这三个点出发，问问自己从出生到现在有几件事干得特别漂亮。所谓漂亮的事情就是做梦都会偷着乐的那种，比如说考了个好学校，找了份好工作，生了个好孩子，出了本好书等等。

再想一下未来。比如说我假定自己100岁去世，那离现在还有50年的时间，我再做几件特别出色的事情，到百年我可以非常安详地闭上双眼，告诉这个世界我没有白来。

我在这里和读者也大胆地互动一下：大家把自己想做的事逐条排列做一个表。待表填好之后，你突然得知自己得了肺癌，所有的治疗都没有用了，而你只剩下半年的时间。那么，你设想过的很多愿望还能填进去吗？如果这些愿望无法实现，你如何规划剩下的半年时间？有些人想到这里会默默流泪，表示第二天就辞职回家，好好陪陪父母，陪陪孩子，再看看周围的世界。

我刚才提到的突然得知患癌的"你"，其实就是我遇到过的大多数患者。他们和你一样，从来没想过哪天会离去。

在考虑过这个问题之后，大家是否需要重新对人生的规划进行排序呢？但是现实世界不是假设，它很残酷。更多的患者根本没有机会重新调整，而是每天都在接受放疗、化疗、生物靶向等治疗，被恶心、呕吐、便秘、发烧、头晕、腹胀和疲乏无力折磨得痛不欲生。

对生命待办事宜进行排序

那些罹患肿瘤的患者，都有一个相似的心路历程。从心理层面，都会经历失落崩溃、反省重塑、重建自我、生命排序的过程。

美国心理学家伊丽莎白·库伯勒－罗丝于1969年出版了《论死亡与濒临死亡》的心理学著作，里面谈到了"哀伤的五个阶段"[1]，这对我们理解患者和患者亲属的情绪有很大帮助。

罗丝说哀伤是一种复杂且难以理解的情感，在很多时候我们都会经历这种情感，这种情感与失落相连，而且不论这种失落感与人生的何种负性事件相关——死亡、离婚或是其他，经历哀伤的阶段都是相同的。这种情感是一个整体，但是人们却常常将自己困在某一个阶段的情绪中，无法自拔。为了能够治愈，一个人必将经历哀伤的五个阶段。等到一一走完，才算是完成了疗愈。这五个阶段分别是：

· 否认。人们往往会先认为"这不会发生在我身上"，他们通常

---

[1] Kübler-Ross E. On Death and Dying[M]. London: Routledge, 1969.

不愿相信身边亲近之人已经离开,或是绝症的诊断报告。他们会一直保留负性事件未曾发生时的熟悉感,假装某个人还在那,内心无法接受失去的事实。

·愤怒。当个体意识到无法再否认时,他们会反问自己"为什么是我?"并采取一些行动来表达自己的愤怒。

·讨价还价。这个阶段,个体往往会采取一些办法来避免哀伤,他们会与自己讨价还价,想要寻求改变;而对于即将失去亲近之人的那一方,他们想要与即将离去的某人协商,或是与信仰的神灵讨价还价,希望通过这种方式来改变已经发生的事实。

·消沉。这是一种强烈的无助、沮丧、痛苦和自我怜悯。他们觉得未来的一切都是灰暗的,没有丝毫希望。

·最后,是接受。必须接受事实,不可避免的丧失已经无法挽回,意识到自己的失落,能够逐渐平静,寻找失落带给自己的痛苦中有意义的地方,寻求安慰和疗愈。接受的这一阶段,目标是自我成长。

我在从事生命教育的过程中,发现很多患者确实经历着这样的心路历程。整体来看,首先,失落崩溃。他们会反问自己"为什么是我?怎么会是我呢?"其次,反省重塑。既然已经是我了,我为什么得这个病?是生活习惯不好,还是抽烟喝酒造成的?再次,重建自我。我已经这样了,下一步该怎么办?最后,对生命最后要做的事情进行排序。

对于老年朋友来说,他们的人生走得相对完整,来到生命最后阶段，要做的就是"四道人生"：道爱、道谢、道歉、道别。只要他与人生很好地达成和解就可以了。青壮年朋友，如果突然面临人生的终结，他们所遇到的苦难是最多的。他们的人生还不够完整，有太多的愿望未能实现。他们会出现"哀莫大于心不死"的情况。

我们在沟通时发现，这些青壮年患者对生活和社会的需求排序，往往处在第一位的是孩子，第二位是父母，第三位是爱人，第四位是事业，唯独没有自己。他们把自己丢掉了。对于这一部分患者，我们的主要目标就是把他们的大愿望变成小愿望，让每个愿望都触手可及。我们需要引导他们，即便他们患病了，依旧是家庭的核心。站在这个角度来对他们的利益进行整合，才能让他们走得相对安详。

而对于孩子来说，他们的人生观还没有完全形成，不知道真实的人生是什么样子。所以每当儿童走向临终时，我们依然需要将孩子置身于游戏的环境中，给他们最大的关怀。孩子们依然需要小白兔、大灰狼，依然需要童话世界里的天使来抚慰他们。

近些年来，我也一直在积极关注和儿童临终有关的一些国内外研究或是实践情况，因为我的患者里也有很多可爱的孩子。不像那些年龄稍长的成年人或是老年人，儿童的世界很单纯，他们对于生死这样的问题也没有认真深入思考过，大多是听父母或是老一辈的人讲，但内容多是负面的。我认为，儿童的临终关怀也需要我们医生去学习。

20世纪60年代，美国等西方国家开始在中小学开展死亡教育，学校会开发适合不同年龄段孩子阅读的与死亡教育相关的书籍，教师也会认真准备这门课。教材和课程的内容都是按照孩子能接受的方式设计，比如孩子们爱看童话和漫画，开发者就会选用童话故事和漫画的形式编撰教材，这成功引起了孩子们的阅读兴趣。同时，美国联邦政府教育部也曾明确要求，死亡教育也应结合生理卫生常识、健康教育等内容对学生进行科普[1]，所以在学生的很多学习科目里都对此内容有所涉及，他们可以在成长早期从各个方面了解死亡。孩子们的死亡教育贯穿在学校教育和家庭教育两个方面，在他们还没有形成完整人生观的时候，父母、老师和身边的朋友就是他们观察世界的眼睛，所以这样的死亡教育对孩子们来说是具有人文关怀的，这对他们以后的成长非常有利。

我们国家的儿童临终关怀起步较晚，社会上一直在呼吁和倡导，各界人士也一直在为此奔走。2002年，《中国教育报》刊登文章《生命不能承受之重：关于青少年轻生现象的调查与思考》呼吁我们国家的青少年需要死亡教育；2004年，我们也有了以死亡教育为主题的儿童绘本；2016年，国内首个儿童临终关怀中心"蝴蝶之家"在长沙成立，它由一对英国夫妇创设；之后的几年，南京、上海、北京等地也相继开办儿童临终关怀病房。而且在2019年的全国两会上，北京大学肿瘤医院主任医师顾晋建议，应该让死亡教育走进中小学的课堂，让孩子们可以从学校教育开始就对死亡有一个

---

[1] 孟宪武. 人类死亡学论纲[M]. 西安: 陕西人民教育出版社, 2000.

科学认知，从而尊重死亡，尊重生命。

另外，在做儿童临终关怀的工作中，孩子们的父母也应该成为被关注的对象，他们同样需要医生的援助。在孩子去世之后，如果不能对父母及早干预，他们所面临的突如其来的丧子之痛将会转化成难治性的哀伤，很可能伴其终生。

设计死亡场景

我有一个朋友，目前正在拍摄一部纪录片。我们每个人身上，都有204块骨头，所以纪录片摄制组去寻找了204个与死亡有关、发人深省的故事，并将之刻在骨头上。这部纪录片的名字叫《刻骨铭心》。

团队采访了很多人，询问不同社会层次的人对死亡的理解，他们设置了一个终极题目——你希望以何种方式死去？他们也向我提了这个问题："路老师，你从事死亡教育工作这么长时间，有没有想过你的死亡方式呢？"

工作了这么多年，潜移默化中，我还真设想过我死亡时的场景。我希望我的死亡是这样的：等我的人生走到这一天的时候，我希望自己已经将所有工作处理完毕，躺在一张非常舒适的床上。那一刻，应该是在清晨，我身处大自然之中，阳光和煦，周围有鸟语，有花香，还有缕缕微风。我希望能够完全融入自然。我死了之后，灵魂走了，意识走了，但剩下的后事还需要别人来料理。在我以自然的方式告别这个世界之后，后面的事情就留给儿子来处理吧。这样,大家都知道我的愿望实现了,走得很安详,孩子们也有平安的感受。通过充分的沟通,我与这个世界达成了某种和解。天、人、物、我之间,实现了一种共融。我与家人之间的关系处理好了,与社会环境的关系也处理妥当了。这就是我所设想的完美离世场景。

对于我们所有人来说,提前设想死亡场景,或者设计死亡场景是非常必要的。我见到过太多的患者,因为走得匆忙,在去世之后,给子女留下了伴随终生的遗憾。

通过艺术化的设计,优雅地死去,不仅对自己是一种解脱,对家人也是一种告慰。像前文提及的那位患者,听着京剧,叫了一声好,走得是何等圆满。所以,每个人都应该预想一下自己的死亡,生可以设计,死也可以设计。这种死亡设计,其价值一定是高于安乐死和自杀的。

我也会有意帮助病人提前设计死亡场景,我经常问我的患者:"如果可以谈论死亡,你希望最后自己死在哪里?死在家里,还是医院里?如果是在家里的话,你希望临终前谁在你身边?"

这样沟通之后,我都会尽力去帮他们实现。同时,我还会询问他们:"临终之前,你希望穿什么衣服?希望去世的时间是几点?周围有没有音乐?环境、湿度如何?希望闻到什么气味?"我希望把问题问得非常细,引导他们说出来。引导到这种程度,患者会将死亡场景设计得非常详细。如果每个人在临终前将每一个细节都设计得非常完美,以这种方式告别这个世界,一定是一件非常美好的事。

学会坦然等待死神的降临

当你在临终之际,躺在医院的急救病房里,如何才能做到坦然?这里有一个值得我们学习的例子。

有一位医护人员患者,是一位非常有名的教授。她在301医院工作了很多年。因为供职于部队医院,她有军衔在身,但是,她生活很简朴。新中国成立前,这位教授是在国外上的学,精通外语。80岁的时候还在居住的小区办了一个儿童英语辅导班,免费教学,为人高风亮节。她也有很好的医德。20世纪70年代,曾经有一个农村病人患病后来北京看病,病人的家庭条件并不宽裕,也没有住处,这位教授就把病人带到自己家里住。

这位教授生病之后,医院领导以及医学界的专家都很重视她的病情,相约一同前去探望。他们对教授说:"教授,您可能得了肿瘤,现在生病以后食物摄入已经不能满足身体需求了,我们想给您输液。"

教授的回答很豁达:"听组织的,你们决定就行。"

教授的女儿生活在美国。母亲生病之后,她也就回国了。这位女儿对妈妈说:"妈妈,大家肯定会不遗余力地帮助您,能输液就输液,能输血就输血,能输蛋白就输蛋白,必要时还会给您插呼吸机、尿管、胃管。现在,组织上能决定给您输液,但是当您生命到了最后时刻,谁能决定给您拔管呢?营养液能维持您的生命,可是谁又能决定给您拔掉营养液呢?没有人会忍心做出这个决定。"

老教授想起自己身边的一位患者朋友,在生命后期身上插着各种管子,意识时而清楚时而混沌,这样的状态维持了一两年之久。于是老教授非常坦然地做出了一个决定:拒绝所有治疗,饮食方面能吃就吃,不能吃就不吃。

我当时负责这位老教授的疼痛治疗,病情控制得还不错,最后她告别这个世界时走得非常安详,没有痛苦。老教授打小接受了多年的西方教育,她经常用英文说自己一直在追着共产主义光环跑。走了之后打算捐献自己的遗体。她把自己的死亡处理得非常超然。成了我们业界的一个楷模。

优雅地做最后告别

进入生命的末期,我们也很鼓励用旅行的方式度过人生最后一段时光。

对于一个肿瘤患者的末期治疗,我们的关注点并不在器官功能上,不是说肝脏功能不行了,就为病人换一个人工肝脏。在患者接受了疾病治疗之后,我们关注的,是恢复患者作为人的功能。选择旅游,或者回归家庭为孩子做顿饭,抑或是去单位填一张表,这都是他作为社会人的需求。对于患者的这些愿望,我非常支持,如果有可能,我希望陪同他一起完成。这对患者来说也是一种保障。

告别的仪式感同样非常重要。而仪式感不等于我们所理解的大操大办。对一个人的思念,以及随之而来的仪式感,并不需要多少人参与。在内心深处,我们其实可以有很多种方式来怀念逝者。我们某位亲人逝去了,并不一定需要花多少钱操办葬礼。在每天吃饭的时候,我们为他留下一副碗筷,也是一种很好的怀念方式。人不会因为生命的消逝,就带走所有的音容笑貌,有一种精神层面的东西一直在延续。

与遗体告别相比，我觉得更有意义的告别是生前告别。生前，在很舒适的环境中，见一见所有想见的人。

好朋友之间，可以送彼此一个非常有纪念意义的礼物，或者写上一句话送给对方。这种告别，远远优于死后告别。假如生前身体条件不允许举行这种告别仪式，可以以书信的形式，写上"我走了"这样简单的一句话，或者留下"保重"这样的临别赠言，都非常有意义。

我在九三学社的一个朋友曾告诉我，她接到了一个身在美国的闺蜜打来的电话，让她既感到难过，心里又特别温暖。

她的闺蜜56岁了，患上了某种肿瘤，走到了生命的最后时刻。她打电话给我的这位朋友："这个电话打得有些仓促，但是我特别想跟你说句话。我患上了肿瘤，没有多长时间了，估计就在这个月了。咱们这一辈子，从小一起长大，彼此相知，相互提携了这么长时间。我必须跟你告个别，你要保重自己，多检查身体。"

在这个"电话粥"里，两位老友回顾了童年成长的点点滴滴。我的朋友既感到温暖，又特别伤心，挂了电话后整个晚上都在流眼泪。她甚至冲动地想马上买一张机票飞去美国看看老友。她还告诉我，如果没有这样一通电话，而是被通知直接去参加遗体告别仪式的话，她一定会非常难过。但是在这通电话里，她们二人进行了生前告别，她真正释怀了。

后来，她对我说："这通电话特别有意义，如果有另一个世界，我希望她能够在那边等着我，我们依然是好姐妹。我也嘱托她：

'你要记得我，来世我们还要建立联系。'"

这种生前告别，说起来可能比较难以接受。但是，我们可以换一个概念来理解，就是之前我提到的"四道人生"。这种方法，并不需要花费多少钱，但它的社会意义更大。逝者生前还可以把自己一些宝贵的东西当作礼物送给友人，这很有纪念意义，既不构成资源的浪费，同时也能让朋友睹物思人，寄托一种思念。否则的话，按照传统习俗，逝者的遗物在其死后是要被全部烧掉、扔掉的。

前段时间，我在长庚医院接待了一个病人，他也即将临终。这位病人最大的遗憾是回不了武汉老家。

我问他："如果回去了还有什么愿望吗？"

"我想画几幅画送给我的朋友。我有五个要好的朋友，我已经答应他们了。做出这个承诺已经很长时间了，一直没有兑现。我不想背着这个遗憾离开人世。"听他这么一说，我才知道他是一个画家。

"你可以画啊，我可以帮你。"

"我是画大写意的，需要站起来画，可惜我现在站不起来了。"

"小篇幅的能画吗？大的画不成了，可以画小的，起码承诺兑现了，总比不画强。"

他听从了我的建议。对他的朋友来说，他们永远不会觉得画家这个承诺比他的生命还重要。但如果他们知道画家生前依然在为他们作画，在兑现承诺，一定会深受感动，铭记于心。

/ 第八章 /

我所理解的生命教育

肿瘤患者的治疗价值

从业之初，我只负责处理躯体方面的疼痛症状，并不参与心理层面的治疗。但是，疼痛是一种主观感受，在治疗过程中，我不可避免地需要先读懂患者。

接触的病例越来越多，我逐渐发现，疼痛是一个身心事件，既有躯体上的疼痛，更有心理层面的折磨。后来，我的工作逐渐延伸到心理层面的干预，当病人向我吐露内心的痛苦时，我的态度不再是拒绝，而是仔细聆听。

在我所有的病人群体中，癌痛患者最为普遍。早在2008年，美国心脏学会的一项调查报告显示，抑郁、压力和生活负担等问题会让癌症末期患者的病情加重。

其实，从经济效益的角度来说，治疗癌痛并没有太多收益。很多医院将优质医疗资源，都给了有治疗希望的病人，而在一些医生眼中，肿瘤患者并没有太多治疗价值。

我曾经救治过一位76岁的患者，他患的是胰腺肿瘤，因为腹痛住进了疼痛病房。这个病让他伴有大便不通的情况，使他无法摄入营养，身体疼痛不已，所以选择住院治疗。住院之后，他的病情每天都在缓解。在此之前，他去了很多家医院，这些医院无一例外都不收治他。

他住在我们医院一个三人间病房最靠里的床位。每天查房的时候，看到我来了，他都会给我作揖，有一种朝圣的感觉。为了表示对我工作的尊重，他每次都会努力坐起来。这位患者向我表达了三个层次的感谢：第一，感谢我帮助他止住了疼痛；第二，感谢我给他机会住院；第三，感谢让他能在这里多住几天。

他总会对我说："谢谢大夫，给你添麻烦了，像我这种没有治疗价值的病人占着床位，还要浪费你的时间，谢谢你来看我。"

谈到治疗价值，很多肿瘤末期患者都问过我一个问题："路大夫，我先是得了肿瘤，紧接着全身脏器开始出现问题。我也知道自己活不了多久了，我真的非常痛苦。现在，很多医院都不收治我了。他们告诉我别来医院了，在医院里没什么治疗价值了。我就想问问，什么是治疗价值？我身上这么多器官都出了问题，病情这么严重，怎么就没有治疗价值了呢？医生所指的治疗价值到底是什么？"

站在不同的角度，人们对治疗价值这个概念会有不同的理解。从事生命教育的专家翟晓梅曾经说过，医学，就是有一帮人在沮丧、危机、痛苦中求助，而另外一帮人怀着关爱的心情来帮助他们。这种求助的愿望和提供帮助的愿望，就构成了医患关系。患者在沮丧、危机、痛苦时求助，而医生愿意去帮助他们——这种求助和给予的关系，就是治疗价值。

治疗价值和治疗意义也是有层次之分的。对于肿瘤末期的患者，比如说肺癌患者，想要让他们康复如初，这种努力和尝试是毫无价值的。但是，治疗的目的是治病，它既包括康复治疗，也包括症状缓解治疗。从康复角度来说，肿瘤末期的病人可能没有治疗意义了，但是症状管理一直会持续到一个病人生命的最后一刻。

当病人出现疼痛时，我们需要为他们止痛；当他们发烧时，我们需要给他们退烧；当病人恶心时就帮他们止住恶心；当病人便秘就帮助他们解决便秘问题。症状处理会伴随患者终生，到任何时刻都不应该放弃。换位思考一下，其实病人的要求并不高。他们并没有要求医生将其生命再延长十年、二十年，只是希望生命的尽头能够得到一种尊严，不痛苦就行。

如果只是为了让病人活着，而牺牲他们的生活质量，这是毫无意义的。比如一个病人，生命垂危，呼吸困难，这时在他的肺里插上一根导管，通过呼吸机来勉强维持呼吸。试想，平日里我们在吃饭的时候，不小心呛到一粒小米都会很难受，那么可以想象这位病人又会有多难受了。

所以，在医患之间，应该达成某种共识——医生在延长病人生命长度的同时，一定存在一个重要前提，那就是提高病人的生活质量。从这个角度来说，这些病人永远有治疗价值。

我也曾怀疑过生命教育的意义

和很多人一样,我也有过职业倦怠期。曾经有一段时间,我对生命教育也产生了怀疑,后来亲身经历的一些事情让我有了更多触动。

2014 年,出现了很多灾难性事件,比如 MH370 的神秘消失。这让我对坐飞机产生了恐惧。尤其是我自己有一次坐飞机,也与死神擦肩而过。

2015 年夏天,某个周六,我在西安开完会之后需要去苏州参加另一个会议。当天,我乘坐飞机从西安飞往上海,而后从上海飞往苏州。那一天,天气状况非常糟糕,机场通知航班延误。可是苏州的会议日期定在周日,当天我必须要走,但那时也没有办法再换乘其他航班了。

最终我还是顺利登机。飞机盘旋在上海虹桥机场的上空,因为上海天气特别恶劣,无法顺利降落。飞机就在天空的云层里不停盘旋,剧烈颠簸。在这过程中,我感觉飞机不止一次地 180° 倾斜。乘客们快支撑不住了,我的身体也重重撞在了舷窗上,机舱内东西滚得到处都是。不仅如此,飞机还曾连续出现了数次急剧下降的情形,失重感非常强烈。

因为在那两年的时间里,媒体对MH370的神秘消失进行了集中报道,这令整个机舱的乘客都非常恐惧,尖叫声不断。坐在我旁边的一对情侣,之前举动一直十分亲密,这个时候两个人也紧张得不行。女孩一直在尖叫,将身体埋在男孩的怀抱中。男孩一只手抱着女孩的肩膀,一只手使劲掐自己的大腿。

坐在我周围的还有一个年龄稍大一些的中年男士,因为剧烈颠簸带来的恐惧,他曾一度解开安全带想要逃生,但最终都被空姐制止。其实那时,空姐也非常紧张。

说实话,我当时也很恐惧,情绪紧绷。颇为反讽的是,那个阶段,我特别热衷于谈论死亡教育。彼时,我从事这方面的工作已经有几年了。每次坐飞机,我都有看书的习惯,就在飞机盘旋在机场上空时,我手里还拿着一本一位越南出家人写的《如何走得安详》。但是,彼时彼刻,我心中充满了恐惧,头脑一片空白,只能紧紧握着座椅的扶手。那样的生死时刻,真的是令人"度秒如年"。自己仿佛是风雨中飘摇的一片树叶,不停地摇啊摇,随时都有可能掉下去就此毁灭,我当时无助极了。

飞机在天上颠簸了半个多小时后,终于平安着陆了。降落后,飞机中出奇地安静,机舱根本不似往日喧嚣。大约过了三五分钟的时间,飞机上爆发出热烈的掌声,所有人都庆幸自己还活着。走出机舱时,坐在我前面的一位大姐浑身瘫软,她的丈夫拽着她的肩膀,对她说:"走吧,这不还活着吗?"

下了飞机之后，我一直惊魂未定，并思考了一个问题：生命教育真的有用吗？我每天为病人做死亡教育，然而当自己经历了这样的事情时，内心同样充满了恐惧。这种惊魂状态持续了很长一段时间。我回到北京之后，生活回到了正轨。几个月后，有一次我乘出租车，车子下坡时突然颠簸了一下，那种感觉似曾相识，我似乎立刻找回了曾经在飞机上的那种恐惧又无助的感觉。在这之后的很长一段时间里，我对死亡教育不再那么积极热衷了。

可是受这份职业的耳濡目染，有一天我突然想明白了。死亡教育并不是告诉你什么时候死都可以，而是告诉你，当你遇到危险事件的时候，内心应该多一份理性，少一份惶恐。

生命教育的最佳时机

关于生命教育，我们面临的现状是公众对它本能地排斥，而且存在掩耳盗铃的情况，好像不谈论死，它就永远不会到来。我们总是妄想找一些词进行替代，比如将死亡教育换成爱的教育（虽然从本质上来说，死亡教育等同于爱的教育，但刻意更换概念体现的依然是对死亡的逃避）。推动死亡教育的目的，并不是让人们在懂得生死哲学之后，随时准备自己的死亡。死亡教育是让人们在面临死亡的时候，多一份理性，少一份惶恐，让整个过程变得从容一些。

对于生死教育的全社会普及，我认为首先需要编出一套系统教材。这套教材能够穿插进学生的义务教学计划当中，在学习语数外之外的时间里，我们的孩子可以想一想与生死有关的问题，不再避而不谈。当然这只是我的设想，观念的普及需要几代人的努力，对生死教育知识的学习需要贯穿我们的一生。作为一名医生，我愿意呼吁。

但是在我多年的从业经验中，我发现有一个问题需要被拿来讨论。我遇到的很多临终患者，即使是在生命即将走向尽头时，也无力处理与自己有关的死亡问题。在生命充满危机和困惑的那样一个时间点,他需要处理的信息纷繁复杂,并且身体在很大概率上伴有咳痰、发烧、哮喘等症状,那时,我们医生就连处理他的病症都来不及,更别说对其进行生死教育了。

在我看来,中国缺乏完整的死亡教育。然而我之前提到,北大肿瘤医院的主任医师顾晋作为两会代表,已经建议从中小学就开始开展死亡教育。我特别支持,生死教育的开展是一个人构筑自我生死观的开始,从一个人有独立意识产生以及对死亡有困惑好奇之后,应该对其进行正规的引导。

当一个孩子问妈妈:"妈妈,死亡是怎么回事啊?"这个时候,我们不应该告诉孩子:"不要瞎想,去玩游戏吧,这不是你应该想的问题。"刻意回避死亡是不对的,应该直面这个问题,给孩子一个解释,然后让这个问题非常流畅地进入到孩子的生命中去。

我们科室有个护士,她的女儿6岁左右,上幼儿园中班。小朋友有一次看动画片,看到一只小白兔死了,孩子哭得特别伤心。动画片结束之后,她就问妈妈:"妈妈,什么是死亡啊?小白兔怎么了?"

她妈妈说死亡就是永远离开了,从世界上告别了,再也不回来了,永远见不到了。听完之后,这个小姑娘瞪大眼睛问她:"妈妈,你会死吗?"

妈妈说:"我会死,所有人都会死,没有谁会永生。"

这孩子突然就抱着她妈妈哭了起来,说:"不行,妈妈你不能死，你死了我怎么办？我不能没有妈妈。"

小姑娘哭得特别伤心。这位护士无论怎么安慰，都无法让孩子平静下来。后来，她就将这个问题忽视了，认为问这样的问题只是孩子的一种任性，没有再理会。到了晚上，孩子哭着哭着睡着了。

第二天早上，她要去上班的时候，孩子抱着她，不让她走。"你死了我怎么办？"孩子哭喊着。

这位护士不得已请了假，在家陪孩子、哄孩子，连续三天都这样。她后来问我："路老师，是不是哪里出问题了，为什么孩子这么伤心？"

我跟她说，其实孩子第一次面临死亡问题的时候，你告诉她这是一种无法挽回的损失，孩子当然无法接受。有些儿童绘本会教孩子如何直面死亡。这些绘本里有标准的图片，能够告诉孩子什么是死亡。但是，这样的儿童绘本并不多，家长也没有给予足够的重视。

我建议她换一种说法给女儿描述死亡。可以这么说："现在妈妈特别爱你，照顾你，给你买花裙子，买玩具，送你上学，接你放学，晚上陪你睡觉，给你讲故事，你感觉到了吗？妈妈特别爱你。"

孩子说："感受到了。"

"有一天，妈妈会变成天使，在天上看着你上学，看着你放学，给你讲故事，陪着你睡觉，然后在天上给你献花，你感觉怎么样？"

"太漂亮了妈妈，我也想当天使。"

这是另一种解释思考，就是通过既不特别唐突又很流畅的方法告诉孩子，死亡是生存的另一种方式。

如果死亡教育能够从一个人的孩提时代就展开，那么他在自己的整个人生过程中都会对死亡有正确的认知，无论何时面对死亡，他都能够正确地应对。这是我们从事生命教育的工作者愿意看到的局面。两会代表提出从中小学就开始进行生命教育，我认为这个提议是正确的。

死亡教育的真谛就是爱的教育

人们通过爱,超越了死亡。

在中国的传统观念里,在儒家的生命哲学中,有"三不朽"的说法:立德、立功、立言。这六个字其实出自《左传·襄公二十四年》,是叔孙豹说的一句话:"太上有立德,其次有立功,其次有立言,虽久不废,此之谓三不朽。"从古至今,人们从未停下追求不朽的脚步,这三不朽就是叔孙豹和晋国的范宣子关于什么是"死而不朽"展开的一段讨论。立德,即要树立道德,要有很好的品行;立功,即要有属于自己的事业成就;立言,即要把真知灼见著书立说,一流传于世。这是中国人对永恒的一种追求,在古时,表现为这样的一种态度。而如今,它依然深深烙印在每一个普通人的心里。

但是,这毕竟是一种对不朽的美好追求,是古人在他们那个时代的一种向往,在我们如今所处的这个时代,在现实生活中,能有几个普通人做到这六个字呢?更别说名垂青史了。那么,我们如何能够超越生死?

唯爱可以超越生死。

人们对死亡都有先天的恐惧，恐惧会让我们远离，不愿意与其产生任何关系。但是爱能够将我们无限拉近。爱是恐惧的反义词。

曾经有一项与死亡问题相关的问卷调查，调研了很多人。其中设置了这样的问题：如果按传统文化入土为安来说，你在入土为安的那一刻，最希望躺在谁的身边？80%的答案都是相同的，受访者更希望躺在养育自己的父母或者爷爷奶奶的身边。他们对我们的爱是无限的，是包容的。还有一些受访者希望躺在子女或者爱人身边，有种生不离、死不弃的感觉。这里面体现的就是爱与被爱。

大难不死，必有后福，真正表达的含义并不是说经历了灾难性事件后，就能够非富即贵，而是侥幸活下来之后，我们更懂得如何爱别人，爱自己，学会表达内心深处的爱，让每天都活得非常有意义。

死亡教育的本质就是爱的教育，发现爱，表达爱，把爱说出来。尤其是对即将离世的患者来说，爱显得弥足珍贵，因为留给他们发现爱、表达爱的时间已经不多了。身处人生的绝境，他们其实也有办法让爱超越死亡。

我经常对临终的患者说："这件事对你来说确实非常不幸，别人的爱也许细水长流，是有长度的，你的爱缺少长度，但是你可以给它宽度。"当一个人的爱在长度上无法延伸了，却可以在宽度上进行弥补。

当一个母亲，突然面临儿子的即将离世，她曾经无数次设想过儿子高考应该选择什么样的学校，结婚应该找一个什么样的伴侣，幻想着将来抱上孙子。她的这些愿望都与爱的长度有关。但是，一夜之间,这一切都成了泡影,不可能实现了。那么这个母亲能做的,就是增加爱的宽度,让孩子过得更舒适一些,把更多的爱倾注在当下。

在我治疗过的病人中,有些人的人生阅历比我丰富,知识储备比我深厚,他们的一些做法也让我获益良多。

我曾诊治过一个病人,生病的时候是五十多岁,她有很多事情放不下。我问她:"如果让你重新选择,你希望能够活多长时间?"

她说:"我希望能够再活十年。等到十年以后,我孙女高考了,能考上一所好大学,再选择一个好专业,她个人的事情也稳定了,我就可以放心了。"

但是,她没有办法等十年了。我告诉她,如果生命的长度无法延展,可以增加生命的厚度。这位老知识分子就开始给孙女写信、录视频,告诉孙女在小学毕业、中考前、高考前、选专业前应该做些什么。她把所有的爱都留在了当下。

归根结底,死亡教育就是让你珍惜身边的人,爱自己所爱。

我在生命教育中的成长

医学不单纯是一门技术,还牵涉到很多其他方面的东西。医学与人、与生活中的衣食住行都有关系。一个人生病是与很多因素相关的,可能和情绪有关、和生活习惯有关,可能和身体的发育有关,也可能和家族遗传有关。所以说医学是一门综合的学科。

在美国纽约东北部的撒拉纳克湖畔,立着一座墓碑,上面镌刻着西方医生特鲁多的人生格言:"有时去治愈,常常去帮助,总是去安慰。"(To Cure Sometimes, To Relieve Often, To Comfort Always.)这句简洁而富有哲理的话至今在全世界广为流传,它明确告诉人们,医学的人文精神远远高于医学的技术属性。

即使现在医疗技术发展得越来越好,许多疾病能够得到有效的控制和治疗,但我们仍然要面对医学不可能治愈一切疾病,也不可能治愈每一位患者的事实。

生死教育并不是让人们洞晓生死、了却生死,而是让人们明白,有一天,当他们面临危险、面对死亡的时候,可以理性地看待生死。这才是生死教育的最大意义——不纠结于窥见生命与死亡的本质与意义，而是到了结束的那一天，可以从容面对。

作为一名从事生死教育的医生，我在多年的工作中也经历了个人的成长。面对一些走到生命末期被疼痛折磨不堪的病人，他们往往喋喋不休，我从他们身上看到了人类最纠结的一面。

坦率来讲，多数医生在心里都认为癌症末期的病人已经没有什么治疗价值了，在自己繁忙的医务工作中，他们很难再拿出耐心去关爱这些病人。但是我不能这样，我是一位从事生命教育的医务工作者，同他们进行沟通是我的本职工作。这份工作确实改变了我，它让我的心态变得更加平和，让我更加懂得爱，对于生命，也更加敬畏了。如今，我性格中的亲和力以及与他人的沟通技巧，也在潜移默化地帮助我很快与病人建立彼此的信任关系。

与病人沟通的环节十分重要。平时出门看诊的时候，我会带着自己的学生，但是，在进行生命教育工作时，我习惯只有我和患者两个人，不受其他人的打扰，也不受手机的干扰。这是对生命起码的敬畏。我不是仅仅在与患者对话，我是在与他的生命对话。

我信奉这样一句话：雨不润无根草，未备善念莫进此门；善只渡有缘人，未被敬畏宜谋他事。如果作为医生，无法对生命敬畏的话，还是不要从事这份工作了。

我有时也会将生命教育，称为阅读生命。在阅读别人人生的过程中，在一个个故事的讲述中，我们不断与患者进行信息交换。这些信息纷繁芜杂，因为每一个患者在生命尽头考虑的问题是不同的。他们拥有不同的人生，不同的阅历，他们所面临的问题也远远高于我作为一个医生所能关注到的任一地方。毕竟，我们都没有亲身经历过死亡。

在倾听患者生命历程的过程中，我也收获了心理层面的平静与平安。我曾经遇到过一位有信仰的大德，他在一座寺院出家。我觉得他的理念是正向的。他告诉我："路大夫，你看我在这里出家三十年，每天来烧香拜佛的人络绎不绝，凡是来这里求地位、求富贵、求长生、求好姻缘、求子嗣的，都是因为执迷不悟而偏听偏信，就是迷信。真正的修行是修什么？是修内心的平静与平安。"

我经常跟我的学生说，当你进入寺庙的时候，记得看看菩萨。观音慈眉善目，沉肩坠肘，体态非常安详。那时你也会被感染，会从内心获得一种依靠和安全感。作为医生，也应该如菩萨一般，慈眉善目，给人无限慈悲感，这样你与患者之间的距离就能无限拉近。当然不仅是形象上的趋同，心理上也要趋同。当医生拥有了平静与平安，在面对一个个病人的感受、彻悟与算计的时候，你也就知道该如何引导了。我觉得，佛是通过形象来安抚前来祭拜的香客，而我，则是踏踏实实地做具体的事情让一些人在生命的最后一程，过得更好。

病人会说我身上有一定的神性，对他们有安抚作用。我觉得这是很高的评价。当然，我并不是说自己是一个完美的人，但最起码我在做这些事情的同时变成了更好的自己。

/ 第九章 /

如何进行生命教育?

医生要有俯瞰人生的能力

医生所经历的死亡,是世间最多的。台湾地区2017年的一项统计显示,台湾在一年之内有94%的人死在医院,只有6%是因为车祸、其他意外或自杀身亡。我去找了一份台湾在2017年的统计年鉴,摘录了其中的一些数据,这些数据很有代表性。

2013~2017年台湾地区人口主要死因、死亡人数及死亡率[1]

单位:人/10万人

死亡原因 年份	恶性肿瘤		脑血管疾病	
	死亡人数	死亡率	死亡人数	死亡率
2013	43 665	187.6	11 061	47.5
2014	44 791	191.9	11 313	48.5
2015	46 093	196.9	11 733	50.1
2016	46 829	199.6	11 169	47.6
2017	47 760	203.1	11 846	50.4

[1] 该表死亡率是指每10万人口死亡人数。比如表中显示,台湾2013年恶性肿瘤的人口死亡率是187.6,因为是以每10万人口为基数,所以此处死亡率为187.6/100000。——编者注。

续表

年份 \ 死亡原因	心脏疾病（高血压性疾病除外）		糖尿病	
	死亡人数	死亡率	死亡人数	死亡率
2013	17 121	73.6	9 281	39.9
2014	17 694	75.8	9 438	40.4
2015	19 399	82.9	9 846	42.1
2016	19 202	81.8	9 530	40.6
2017	20 812	88.5	9 960	42.4
	事故伤害		慢性肝病及肝硬化	
	死亡人数	死亡率	死亡人数	死亡率
2013	6 873	29.5	4 975	21.4
2014	6 619	28.4	4 843	20.7
2015	7 118	30.4	4 962	21.2
2016	7 033	30.0	4 688	20.0
2017	7 206	30.6	4 738	20.1
	肺炎		肾炎、肾病症候群及肾病变	
	死亡人数	死亡率	死亡人数	死亡率
2013	9 314	40.0	4 327	18.6
2014	9 042	38.7	4 489	19.2
2015	10 353	44.2	4 868	20.8
2016	10 761	45.9	4 762	20.3
2017	12 212	51.9	5 226	22.2
	高血压性疾病		慢性下呼吸道疾病	
	死亡人数	死亡率	死亡人数	死亡率
2013	4 986	21.4	6 326	27.2
2014	5 033	21.6	5 959	25.5
2015	5 459	23.3	6 428	27.5
2016	5 536	23.6	6 383	27.2
2017	5 881	25.0	6 787	28.9

通过这些统计数据大概可以知道，在台湾地区，疾病依然在大范围地夺去人们的生命，恶性肿瘤导致的死亡率是逐年增长的，其他疾病也在不同程度地威胁着人们的生命健康。

医生见证过最多的死亡，但是医生亲历死亡，却无力触摸死亡。当一个病人找医生讨论死亡是怎么一回事时，多数人会选择逃避这个话题。他们会习惯说："你的病没那么严重，请好的专家、教授再进行一次会诊，或者转到上级医院就会有好转了。"有些医生也会说："像你这样的危重病人我见得多了。"

医生还会不厌其烦地给患者举例。比如他在旅游时碰到某个人溺水了，被他发现及时救了过来；或者还会说，有一些特别危重的病人，去了很多地方发现根本治不好，来到他这里后通过大胆使用新的治疗方案，最终被救治了。

很多医生习惯盲目给患者一些不切实际的希望，给了希望之后又无力实现，反而变成更大的失望。现实是，这是90%医生的日常。关于医生救死扶伤，我们还有一个非常幽默的说法：医生就是在火葬场门口排队的人群中不断择人出来的人。

但是，从事生命教育的医生，与社会上大多数医生是不同的。一旦遇到患者生命无望的时候，我们所能做的就是陪着患者，安稳将他送到另一个世界去。

在日常工作中，不同的病人我们也必须有不同的处理方式。假如病人问我："大夫，我是不是要死了，我生命还有多长时间？"

我会问他："你为什么会有这种感觉？"

病人会告诉我："因为我的病情越来越重了。"

很显然，他们自己能感觉到自己的生命没有多长时间了。这时我会告诉他们，其实我们都是同路人，都是向死而生，"没准哪天我突然遇到车祸意外，比你跑得还快。如果我遇到这种情况，你能教教我怎么办吗？"

病人会苦笑着对我说："大夫，你真会开玩笑，我都什么情况了，你还让我教你。"类似这样的对话，能够拉近我与患者之间的关系，而不是给他更多难以实现的希望。

即便病人表现得非常豁达、大度、乐观，或是无所畏惧，我们也必须从他"怕死怕得要命"的角度来呵护。有时候，即便你是一个非常年轻的医生，只要有这种关怀的光辉在，你也会被视为白衣天使。关于这个话题，一位教授曾经跟我讨论过。

"路大夫，你知道人们为什么叫你们白衣天使吗？并不是因为你们穿着白大褂。"

"我愿意听听你的解释。"

"我生病之后，处于最彷徨、无助、困惑的阶段，你们就像阳光下的影子一样，给我带来了一种温暖、抚慰、安全和可以拥抱的感觉。所以，我们才叫你们白衣天使。"

我觉得他说得挺好的，对医生有一个更加生动形象的阐释。这也的确是从事生命教育的医生应该做的工作。

在陪伴病人的过程中，从事生命教育的医生还应该有俯瞰人生的能力。我可以通过一个例子来具体阐释。

我曾诊治过一个小姑娘,名叫丹丹,长得很漂亮,当时只有24岁。她大学毕业一年后得了纵隔肿瘤,不久于人世。她的妈妈是一位非常善良友爱的中年女性。

我去会诊的时候,医生告诉我:"路老师,你可来了,这个16床的病人可讨厌了。她妈妈每天在办公室里哭,一会儿叫医生一趟,一会儿又叫一趟的。不就是你姑娘24岁,得病了吗?看看旁边15床,人家才16岁,你姑娘还多活8年呢。不是说没钱?你北京市三套房子,卖一套不就够了吗?"

她妈妈和我们一线医生都在算计。孩子妈妈在考虑,这个病能不能治好,我没有钱,也没有工作,以后的生活该怎么办?医生也在算计,他感受到病人病情越来越重,也在进行比较,与旁边16岁的病人进行对比。

在这种情况下,患者和医生只能相互撕扯,你不理解我,我也不理解你。你用自己的算法算计,我也用我的算法算计。

丹丹妈妈告诉我:"我人到中年,就一个独生女,她生病之后病情越来越重。别人家的孩子阳光明媚、朝气蓬勃,我的孩子病入膏肓、穷途末路。别人的孩子在谈婚论嫁,我的孩子自身难保。我也没什么钱,我是一个没有能力的妈妈,没有把孩子照顾好。"她一直在自责。

我就问她:"孩子有没有对你说过什么?"

"妈妈,我是学计算机软件工程的,你知道我为什么学这个专业吗?这个专业很辛苦,都是男孩子在学。但是,这个专业好找工作，挣钱多。爸爸妈妈都是普通工人，我希望毕业之后找个好工作，能够让你们安度晚年。特别抱歉，特别对不起，毕业之后没给家里挣一分钱，一场重病花光了家里的全部积蓄。而且将来不能陪你了。如果有下辈子，我希望将来我当妈妈，你当女儿，我来照顾你。"丹丹妈妈转述了女儿跟她说的话。

这是丹丹的人生感受与彻悟。我们要求我们的医生在从业过程中能将自己再提升一个高度，提高到心理层面，去俯瞰人生，理解病人家属的感受和算计心，让自己也能有所察觉和彻悟。有了这样一个高度，你才会在不同层次谈论问题。

从事生命教育的医生，如果没有俯瞰人生的能力，很难真正赢得病人的信任，走进病人的内心深处。

同时，医护人员要学会倾听。当面对患者可能临终的事实时，我们要做的，是让患者将自己的疑惑说出来。在倾听的过程中，读懂他们。很多患者最后能够走出来，并不是因为我说得多好，而是因为我的陪伴。我在中间起到的作用充其量算是一个引导。

不要刻意向患者隐瞒病情

当家人被确诊了肿瘤,作为家属,到底要不要告诉他实情?不同的人有不同的答案,不同的家庭也有不同的答案。关于此,社会的各个行业领域都在讨论,医学界也是。作为一名医生,我的态度是,应该告知。

其实从医学的角度看,这是一个关于"医生应该如何告知病患坏消息"的问题,许多医生其实都面临过或是正在面临这个难题。早在2000年,美国临床肿瘤学会(ASCO)就提出了SPIKES六步沟通法则,尝试制定出一套行业通用的沟通法则来解决医生、癌症患者和告知坏消息之间的难解问题。我在这里稍作介绍。

SPIKES是Setting、Patient's perception、Invitation、Knowledge、Exploring/Empathy、Strategy/Summary的首字母缩写。

第一步:Setting,设定沟通的场景。医生在见患者前一定已经做好了一系列的准备,首先就是沟通场景的设定。在哪里谈话,谈话的环境如何,谈话的内容是什么,等等,医生都应该事先做好打算和安排。

第二步：Patient's perception，评估患者对自我病情的认知程度。患者经过了一段时间的治疗一定对自己的病情有所感知，医生在和患者交谈时可以尝试问问他对于自己病情的了解程度和身体的感受，通过一系列的引导让他说出关于自己的状况、情绪等。

第三步：Invitation，得到患者的邀请。这里涉及一个医患沟通的前提，那就是患者是不是想知道自己的病情，医生可以用一些沟通技巧先询问患者对于这个问题的态度，得到明确邀请后再展开后面的谈话。

第四步：Knowledge，与病情有关的专业知识的告知。在很多时候，患者听到自己得了癌症就已经被吓退了，其实这是源于对这种疾病的不了解，这时就需要医生担当答疑解惑的角色，用患者能听得懂的话、能接受的解惑方式去沟通。请记住，不要用一些造成恐慌的用语，比如"你这个病很难治，恐怕时日无多""你要有个心理准备，你这个病已经晚期了"等等，也不要用一些患者听不懂的专业术语增加他们理解的难度。正确的做法是扮演好医生特有的能稳定人心、能被患者信任的角色，说人话。

第五步：Exploring/Empathy，用同理心对待患者的情绪。这是医生在谈话前需要预知的患者及其家属的反应。当一个人听到坏消息时，恐惧、焦虑、暴躁、绝望等情绪在那一瞬间会统统涌上心头，更何况是一个关于生命的坏消息。这时，医生必须敏感觉察到这一信息，表示自己将与患者站在一起，可以试着让患者感知自己的情绪究竟是什么，通过问问题找出情绪出现的原因，想出进一步的解决方案，而不是让患者陷入负面情绪中。

第六步：Strategy/Summary，寻找策略并进行总结。患者最怕的就是医生对自己病情的无能为力，这是一种对不确定性的惧怕，因为患者早已无数次想过了会没有明天的可能。这时，医生需要获知患者对自己病情的治疗有什么打算和期望，或者鼓励患者对自己想要完成的任何事都可以说出来，这样医生会更容易知道患者在想什么，并以此为基础安排后面的治疗方案，进行总结。如此，患者对于不确定信息的恐惧就会减少，自己的需求也会得到满足。

六步沟通法则最大的作用就是打消患者的疑虑，医生把已知的信息换一种方式告知患者及其家属，而不是让家属单方面觉得不告知是对患者好，就选择什么都不说。

这是以西方文化和价值观为主导的一种医疗坏消息告知模式，但不见得适用于我们东方的文化价值体系。于是在21世纪初，日本做了一次尝试，在美国SPIKES六步沟通法则的基础上，日本心理肿瘤医学学会（JPOS）设计了SHARE沟通法则，这是一种适合在东方文化中使用的沟通技巧，其中必须具备四个要素。

SHARE同样是几个单词的首字母缩写：Supportive environment、How to deliver the bad news、Additional information、Reassurance and Emotional support。

首先第一个沟通技巧：Supportive environment，提供一个支持医患双方对话的环境。这里加上了"患者家属应该一同在场"的建议，考虑到了我们根深蒂固的家文化传统。患者在与医生对话时最好由家属陪同，一来是心理承受的压力有人分担，二来方便家庭一同做决策。

第二个沟通技巧：How to deliver the bad news，如何告知坏消息。这里要求医生要专业、理性和具备同理心，用诚实的态度、清晰的医学语言，并用一种患者及其家属能够听得懂的方式进行信息的传递和沟通，不要使用一些会给人压力的词汇，比如"癌症""生命末期"等，站在患者的角度为他们解释，婉转一点，多些鼓励。

第三个沟通技巧：Additional information，提供附加信息。尽量提供患者想要了解的关于自己病情的信息，包括今后的治疗方案、疾病会给患者生活带来的影响，以及解答家属对患者病情诸多方面的疑惑等。

第四个沟通技巧：Reassurance and Emotional support，提供保证以及情绪上的支持。一定要关注患者的求生意志，用医者真诚温暖的态度说出，同时鼓励患者和家属表达自己的情绪，不要憋在心里默默消化。

和美国的六步沟通法则做一个对比，可以发现日本设计的四个沟通技巧和我们东方的文化更贴合。这和西方讲求个人意志的文化有点不一样，他们更加关注患者自己的想法，家属的角色是被淡化的。而在日本，或是中国，当家里某人患病是需要整个家庭为之付出的，所以在沟通时需要家人在场，提供心理、情感上的支撑，而不是独自承受。

在治疗过程中，我从这两种模式中受到启发，渐渐有了自己的治疗心得。所以，我认为最重要的事，是告诫患者的家属，不要刻意向病人隐瞒他的病情，也不要说"没事，炎症过几天就好了"之类的话。当然，家属也不应该对病人说"你现在是肿瘤末期，完全没有希望了"。

现在医学科技越来越发达，肿瘤良恶之间的界限越来越模糊，即便是良性肿瘤，也存在将病人带走的可能性。而面对那些恶性肿瘤，同样可以通过手术、放化疗、生物靶向，甚至机器人手术等手段，让患者实现长期带瘤生存。

如若这样，恶性和良性疾病还有什么区别呢？想要依靠手术让人长生不老，那是不可能的。所以，长期生存就等同于治好了。对于肿瘤患者来说，曾经的医疗条件只能保证他们存活半年，而现在的医疗手段能让一些患者存活十年。这和没有生病又有多大的区别呢？

当肿瘤良恶之间的概念越来越模糊，患者和家属如何处理这件事情就显得尤为关键。家属应该避免走极端，大可以告诉患者，他的肿瘤介于良性和恶性之间。疾病发生在患者身上，当病情一天天加重时，患者能够感知到自身情况在恶化；当状态一天天好转，他们也会积极配合治疗，不会放弃那一份希望。

我一般会告诉他们，接受现状，与疾病共存，让它成为生命中的一部分。具体来说，我就是希望弱化"癌症"这样的字眼。现代医疗科技如此发达，有些恶性肿瘤，在积极治疗的情况下，患者活十年、二十年并没有什么问题。所以，选择使用"肿瘤疾病"的措辞可能更为恰当，肿瘤的恶性气焰也会消退。

当然，向患者说明病情之后，还需要给患者留下足够的准备空间。我曾经告诫我的一位患者家属："你想保护亲人，但是一定要清楚，你有没有能力保护。比如说你家做生意亏空了十万块钱，为了避免打击家人，你选择不说，希望通过自己的努力再把钱挣回来。但是，当患者性命攸关时，你早晚需要直面这个问题。症状轻的时候不说，当患者病情严重临终那一刻才说，这样做是不是更加残忍？你的父亲生病了，他临终前极有可能惦记着与你无关的人和事，有可能是他的初恋，是他的战友。在你的父亲走之前，因为你对他病情的刻意隐瞒，他根本没有机会处理自己的事情。等他离开之后，有一天你收拾父亲遗物时，发现了他的最后一个愿望，他最后挂念的生不离死不弃的人，是另外一个人，你能代替父亲去完成这一遗愿吗？你肯定会后悔的。"

同时，医生更不应该告诉病人"你要坚强，你要乐观"。患者对于这样的话，耳朵都听得起茧子了。周围的朋友都会告诉他们，你要坚强，你要乐观，你要有战胜它的信心。反而是这样的话一直在提醒患者患病的事实。

在行为上，我们也不要把肿瘤患者当成病人，把他看成正常人就好。很多病人得了肿瘤之后，其实特别害怕被看成是肿瘤患者。他们不需要同情，而是需要同理心。同情心和同理心，其实是两个完全不同层次的概念。比如今天下雨了，两个朋友一起出门，朋友甲带了一把伞，而朋友乙没有带伞。朋友甲说："你不带伞，淋湿了怎么办……"这是同情。但是同理心，就是甲和乙用一把伞共风雨。

有一个笑话也可以阐述同情心和同理心之间的区别。雨后黄昏，一个人穿着黑雨披，打着一把黑伞，在十字路口来回踱步，好像丢了什么东西。很多人过来询问他是否丢了东西，需不需要帮他寻找。他对此都是不理不睬。直到另一个人出现，同样穿着黑雨披、打着黑伞，跟在他身后来回踱步。他回过头来，询问后来者："你也是蘑菇？"

这是一则关于精神病患者的笑话，可以帮助我们更好地区分同情心和同理心。面对肿瘤患者，我们千万不要说："你看看你这么年轻就得了肿瘤，还有那么多事没做，你应该多注意身体，不要这么拼。"这是同情，而这种同情对于肿瘤患者来说是最廉价的，因为他们知道保重自己的身体。对于这种困惑，患者也会经常向我倾诉："路大夫，我觉得自己挺好的，平时挺注意身体的，半年就会体检一次……"

而如果我们有同理心的话，其实没必要说这么多，只需要陪伴就好。

降低痛苦的级别

痛苦对于人的成长来说，有积极的意义。我们不可能把人生的痛苦祛除掉，痛苦是生命中必然存在的一部分。

面对痛苦，作为医护人员，能做的就是对患者进行正向的引导，结合其不同的成长背景、意识形态，帮助他们合理地处理痛苦，避免产生一些次生伤害。医生介入之后，希望让患者意识到，痛苦是每个人的人生都必然包括的部分，他们应该接受这种痛苦，与它共存，完成人性的成长。当某一种痛苦出现，如果我们幻想医生参与之后，这些痛苦就不存在了，这是不切实际的。

当一个孩子罹患肿瘤，从他患病开始，就决定了这是他生命中的一部分。在临终关怀时，我们希望让他少一些遗憾，为其降低痛苦的级别。

这里有一个真实的例子。有一位母亲，她的孩子罹患重病，走到了生命的最后时刻。这时医生告诉她，还有一种治疗方案值得一试，可能会有意想不到的效果，但是也有可能在化疗之后加重孩子的病情。这位母亲非常痛苦，她害怕采用了这套救治方案，万一副作用较大,孩子死得更快。但是如果她不采用这套方案的话,孩子生的唯一机会可能就没有了。面对这种情况,我们做生命教育的医生,能做的就是想尽办法将她的痛苦降到最低。我会根据医生告知的情况,帮助她做出最理想的选择。

还有另外一个例子。有一个护士曾经找到我,给我讲了她闺蜜孩子的故事。这个孩子不知道什么原因突然出现过敏症状,过敏之后,呼吸困难、喉头水肿。她的闺蜜非常紧张,因为孩子是她的独生子。这位母亲抱起孩子就往县城的大医院跑。但是在路上,孩子还是去世了。

孩子过世之后,有人对她说:"你不应该往大医院跑。孩子患上这样的急重症,你把孩子耽误在路上了,你应该及时到乡镇医院诊治。"

这位母亲特别后悔,感觉是自己耽误了孩子的救治,内心陷入了极度的痛苦之中。她就像祥林嫂一样,一直在说:"我太傻了,我把自己的孩子害死了。"她陷入这种悲伤的情绪中,始终无法自拔。

这位护士得知闺蜜的痛苦之后,专程找到我,想要知道应该如何安抚这位母亲。我对她说:"你只能这样回答她,不管她是把孩子抱到乡镇医院,还是县城的大医院,结果肯定都是一样的。"如果你告诉这位母亲,孩子被送到县城医院里能救活,但是被耽误在路上了,这位母亲还如何能活得下去?她一定会埋怨自己跑得太慢,如果再快一点,没准孩子就能救活。

这样的痛苦,如果不是亲身经历,很难感同身受。我们这些从事生命教育的医生,似乎能够帮他们分担一些,在结果不可逆转之后,如何想尽办法,帮助他们将痛苦降到最低。面对疾病,我们始终是弱者,无能为力,只有妥协和接受。在亲人罹患重病之后,作为家属,我们必然会经历妥协和接受的过程。在这个过程中,如果我们能保持足够的理性,不出现重大的错误,就已经足够感到宽慰了。

从谈论"他死"到"我死"

当我们谈论死亡的时候,很多医护人员都会觉得自己没有做好准备,感觉这是一个很难处理的话题。他们会担心如果和患者沟通不畅,会让他们更加伤心。

当与病人探讨和死亡有关的问题时,我们应该尽量避免对病人进行刻板的说教,更不要说:"你怎么能这样想呢?你不会死的,过两天就好了,你的亲人都这么关心你……"这些话他们可能已经听了几百遍,毫无意义。患者对于死亡的思考和理解,甚至可能远远超过你。而对于普通人来说,想要坦然面对死亡,首先要做到的一点就是:谈论死亡,不主动避讳。

2019年清明节,我与儿子去上坟,同他一起站在墓碑前,我对他说:"你看这些祖先,每个人都曾像你我一样在这个世界上鲜活地存在过。人生很短暂,我们更应该珍惜当下,活得更加有意义。"只要有机会,我很愿意与儿子一起谈论死亡。

在儿子18岁那年,我们一起回老家上坟。在路上,他突然问我:"爸爸,假如有一天,你突然遭遇不测,有什么要向我交代的吗？"一般家长听到这样的话，肯定会觉得十分晦气。但是，我当时想的是自己从事生死教育这份工作十分值得，让我的儿子能够不避讳与我谈论生死。

"我当然设想过。爸爸已经考虑这个问题很长时间了。假如有一天我遭遇不测，我想把自己的身体捐献给医院，不能捐献的火化就行。"

孩子对死亡的意识很混沌，我这样回答他，起码向他表明了我这个爸爸对自己死亡的态度，让他知道我是怎么想的。

我自己谈论这个问题，也经历了几个阶段。刚开始谈论时，我会拿我的"朋友"来举例，我会用"假如有一天我的一个好朋友走了"这样的表述；随着阅历的增加，我开始说"假如有一天我死了"之类的话。我心里清楚，这种话并不是所有人都能说出口。在从事生命教育的过程中，我实现了从谈论"他死""你死"到"我死"的进阶。

作为生命教育从业者，当我们看待问题的方式从"他死"到"你死"，最终抵达"我死"时，我们才能真正地站在患者的角度去思考问题。如果只是谈论"他死"，避谈"你死"或是"我死"，我们永远无法设身处地地思考他所面临的究竟是些什么问题。这是从给予者的层面来谈论死亡。

从接受者层面，死亡教育应该达到一个怎样的境界呢？我从一个患者那里领悟到了真谛。

他是一位老红军，来找我看病的时候已经九十多岁了，罹患三种肿瘤，身体状况还说得过去。他经常找我开药，精神状态非常饱满。

我问这位老爷子："您年龄这么大了，还患有三种肿瘤。在这种情况下，依然能够与医生配合得这么好，没有任何悲观厌世情绪，能告诉我您是怎样调整心态的吗？"

老红军笑了起来："你是不是看我这么大岁数了，得了三种肿瘤依然活得乐乐呵呵，少心没肺的？"

"我不是这个意思。"我连忙解释道。

"我知道你是什么意思。我就告诉自己三句话：不怕死、不等死、不想死。第一不怕死，为什么不怕死呢？我经历过好几场大的战役，身边的朋友、战友一批一批倒下去，我的同龄人去世的也不少了。我今年九十多岁，甚至有一些晚辈都不在了。我在另一个世界的亲人比在这个世界的还多，我有什么好怕的？我不怕。第二不等死，虽然我的使命已经完成了，退休了，我的儿子都退休了，但我的孙子还有事业呢。我人生的工作基本上做完了，但是我后来又上了老年大学，现在国画课很快就要结业了。我每天都有事情要做。所以我不等死。第三不想死，你看我这把年纪了，过的桥比你走的路都多，吃的盐比你吃的米都多，但是我还没有吃过哈根达斯呢，我还想去尝试这些新鲜的东西。"

老人将自己面对死亡的态度总结为：不怕死、不等死、不想死。我觉得老人家的话虽然朴实，却道出了我们从事生死教育的真谛，就是要让患者从心底"不怕死、不等死、不想死"。

想要达到这种境界,一定涉及人生更长尺度上的成长,它经历了人们内心的思考,但其实最终还是自己说服了自己,而不是被医护人员说服。这个说服的过程从头到尾贯穿着你对人生的理解。

尊重个体的不同诉求

当然,每一个人的诉求是不同的,所以处理患者的生死问题一定要个体化,不能对所有的肿瘤患者都采取相同的处理态度。有些患者本身不想知道病情,他就想糊里糊涂地离开,那么,我们应该尊重患者的意愿。

对于患者或者家属的非理性,我们应该抱着更多理解的态度来看待。不同的个体都有其固化的生活模式,医生不可能通过一件事将它改变。其实也没必要这样做。

前段时间,有一个学生问我:"路老师,我有个患者,是一位八十多岁的老太太。她有五个子女,三个儿子全部去世了,只剩两个女儿还健在。她的小儿子一年前刚去世,老人家并不知情,临终时特别想见小儿子,天天在病房里念叨。两个女儿都在发愁如何解决这个问题。"

老人家特别想见小儿子,她的两个女儿无计可施。在老人生命末期,要不要对她说出实情?这样的消息会不会对老人造成打击?

我是这样给我的学生解答的:"首先,我们要看患者的需求,还要看患者家属的需求，这里面需要整合个人利益和家庭利益。如果个人有需求，家庭没有需求，我们不要强势介入。毕竟这个家庭相处了这么多年，生活模式已经固化。老太太的女儿为什么没有告诉她，一定是她们看到过自己的母亲也做过同样的举动，可能这位母亲曾经就是这样向她们的爷爷奶奶隐瞒的，这种生活模式一辈一辈传了下来。在这种固化模式下，没准老太太就会猜测，小儿子是不是走了。她坚持要见小儿子，坚持一段时间之后自己就会想明白。"

任何一个家庭都有文化和习惯的复制效应，父母的一些生活习惯会潜移默化被孩子复制过来。面对这种复杂固化的家庭关系，我们没必要强势介入。如果是站在家庭的角度，比如说老人想知道实情，子女也想知道实情，然后都来求助于我们，我们再看看如何通过我们的智慧来帮助患者。

生为患者疗伤，死为逝者代言

我现在在从事生命教育的工作中，倡导的一个理念是：生为患者疗伤，死为逝者代言。因为我们有机会读懂患者的更多东西，让他们走得更加安详。

对于患者的临终关怀，不仅限于在生前帮助他们处理病情，当他们离去，我们还需要拉着家属的手，陪他们一起面对。于我而言，对鬼神之类的恐惧早已荡然无存，作为一个彻彻底底的无神论者，我早就对此坦然处之了。但是有些人依然觉得逝者是一种晦气。作为医护工作者，在经历过那么多死亡事件之后，我们当然不会有这样的感觉。

我的一位同行也是做生死教育的。他很有爱心，做得非常不错，确实是一个值得尊敬的医生。他有一次告诉我，曾遇到一个问题，让他特别困惑。

"我们前段时间收治了一个病人。这个病人的儿子在当地是一个领导。他有社会资源，医院里很多人都认识他的母亲。这位母亲在我们医院住了三个月之后，去世了。住院期间，她与我们所有医护人员关系都特别好。她儿子平时会送些水果，过年过节，与医护人员会相互问候。他母亲过世之后，等办完丧事，这个领导却把我们医院告了，索赔30万。"

事情最后和平收场。但是，他们对此大感不解，就旁敲侧击打听为什么医院会被起诉。原来，这位领导的母亲去世，医院的工作人员连个花圈都没送。

这位医生问我："路老师，你说说我们医生，不仅要治病救人，还负责送花圈吗？"

我认为应该送。这里面不仅仅因为对方是当地领导，更重要的是他平时对医护人员很尊重，过年过节或者夜班，他都会送些水果。他之所以经常这样表达感激之情，就是把他们当成朋友来相处了。

换位思考一下，假如我们是这个领导，与医护人员相处三个月，彼此交心，也把对方当成了特别好的朋友。母亲去世，作为朋友，医护人员却连个问候都没有，是不是太冷漠了？彼此之间的情感付出是不是不匹配？如果我负责的病人从我供职的医院去世了，而且遗体告别是在我们医院举行的话，我一定会询问家属告别仪式的具体时间。等到了那天，如果我有时间，我一定会亲自去送别。当你出现的那一刻，你会发现，家属对你的感觉完全不一样了。

我经常说，作为一名医生，一辈子治好几个病人从而获得几面锦旗并不是特别难的事情。但是，当一个病人在你的治疗后没挺过去，最终离去，他的家属还能给你送锦旗的真是少之又少。这是一种发自内心的认可。

我还经常建议自己的学生不妨也去参加一下遗体告别仪式，他们会发现另外一个世界。在医生面前，治疗过的每一位患者都很普通，我们了解到的只是他人生的片段。当你真正走进他的生活，出席他的遗体告别仪式时，你能够纵观他的生命全长，了解他的人生定位。等到盖棺定论的时候，你才会知道他是这么优秀的一个人。你也许会生出很多遗憾：原来我对这个病人关注得并不够。

我们了解这些，对逝者没什么太大意义，但对下一个患者一定有很大帮助。到最后，我们的目标应该是成为逝者的一件"遗物"。

曾经有一位病人，她是一个企业的老总，去世的时候65岁左右，她的家庭基本是靠她的事业支撑。她的儿子40多岁，对母亲的疾病治疗也是尽心尽力，但是很遗憾，她还是去世了。有一次我在王府井陪爱人逛街，突然看到那位病人的儿子，离我大概有30米的距离，在看到我之后他一转脸就侧身过去了。我觉得也无所谓，可能他已经不记得我了。但是我再一转身，这个中年男人站在我旁边泪流满面，特别伤心。他说："路大夫，我没想到今天能遇到你，遇到你以后我就想到我妈妈了，我特别难过。我人生最困难的一段时间，你是场景之一，我无法释怀。"

当时我真是不知道该怎么办，后来我发现，我们做安宁疗护照顾过的这些人，等他们去世之后，我们就像他们的遗物一样，还保存在这个世上。亲属见到我就会想起已离世的亲人。我想我既然承载着他们亲人的一些信息，或许我还有其他一些价值可以帮到他们。再后来遇到类似情况时,我都会说:"你亲人住院期间的所有情景我都历历在目,如果你愿意的话,有时间可以来找我,我们共同回顾一下。"

尾声

有些患者朋友，向我提出了这样一个问题：我们在临终之际，应该如何与医生沟通呢？

这里面涉及一个前提，就是如果这个医生关注安宁疗护，才能对善终的话题和你进行有效沟通。面对一个医生，你首先需要知道他能够为你做什么，然后提出相应的诉求。如果他根本没有这方面的能力和经验，沟通也没有什么作用，反而会让患者失望。所以，我们一直在呼吁社会要对安宁疗护机构大力推广。只有越来越多的医生从事安宁疗护的工作，才能给患者带来有效的帮助。

关于如何完善安宁疗护这个行业，单有热情是不够的，还需要科学的手段。首先，医护人员不能将自己认为好的东西强加给患者；其次，医护人员应该善于倾听，与患者建立彼此信任的关系；再次，医护人员应该有一定的社会资源，具有出色的协调能力。

很多人，本身并没有佛教信仰的背景，但是当他们濒临死亡时，却倾向于向佛祖祷告，甚至搬菩萨出来救急。对于医生来说，我们会看到这样的临时抱佛脚并不能对这个人提供帮助。而我们在工作中应该尊重患者真实的生命轨迹，以及个人信仰。

临终关怀，无论是在环境上、技术上，都面临着改革。每个人在生命的最后一刻，都渴望待在一个凝重、温馨的场景中，呈现出最安详的一面。如何做到这一点呢？需要病人躺在最熟悉的床上，和最亲密的人在一起。这种环境的营造，一定要有私密的空间。

假如我即将离开这个世界，却住在一个三人病房里，二床的病人每天晚上咳嗽不止，三床的病人身患尿毒症，每天都需要抢救，这让临终患者没有任何私密空间，而且会时刻充满恐惧。有时候，患者想和孩子说说悄悄话，但是二床的病人一直在咳嗽，患者根本听不见孩子的声音。他更不能大声告诉孩子，银行卡放在哪里，里面有多少钱，密码是什么。

所以，临终的患者一定要有私密空间，能够和亲人单独沟通。假如患者有个愿望，是想见见初恋情人，那时一般会握握手，甚至亲吻一下，这都是特别私密的举动，不能在大庭广众之下进行。

另外，临终关怀的病房与普通病房也应该是不一样的。住在普通病房的病人都穿病号服，而很多临终患者，都希望穿上自己结婚时的衣服，但这是不符合医院要求的。

大部分医院都有专门的探视规定，比如固定每天下午 2 点到 5 点接待访客，平时不允许探视。我认为临终关怀应该放开，没有时间限制，没有探视人员的限制。如果需要进行必要的宗教仪式，在私密的情况下，只要不影响他人，也是应该被允许的。

目前，国内也有专门的高端临终病房，只是作为一种稀有福利存在，普及度并不高。根据国家癌症中心在2018年2月发布的数据，截至2017年8月30日，全国肿瘤登记中心共收集到全国31个省、自治区、直辖市的449个登记处提交的2014年肿瘤登记资料。因有相关质量控制的标准，最终只纳入了339个登记处的数据。这些数据显示：恶性肿瘤新发病例数380.4万例，死亡病例数229.6万例。[①]而截至2018年，我国的安宁疗护机构服务的患者数量为28.3万人，共276个安宁疗护机构。通过数据对比可以看出，面对每年新增的300多万的癌症患者，中国安宁疗护机构供需量依然悬殊。

中国的安宁疗护还没有发展完全，在全社会的普及程度也不高，只有很少的人选择这种治疗方式。一些公益机构倡导的临终关怀，更多的只有爱心，并且从事公益的往往是社会工作者，他们无法真正解决病人的实际需求。

临终关怀，涉及社会的太多领域，包括教育、社科，还有伦理等方面，需要全社会多维度去共同推进这件事，真要把这门学科完善起来，并不是个别医生能做到的。这样来看，我国的死亡教育还有很长的路要走。

[①] 2018年2月国家癌症中心发布的数据是中国2014年的发病和死亡数据，因为癌症统计数据一般会滞后三年左右。此次统计汇总了全国339家癌症登记点的数据，共覆盖2.8亿人群。——编者注

后记

写完这本书稿,想起来,二姐已经去世两年了。至今我的心里仍然充满遗憾。

如今再回头看,其实从事生命教育这份工作为我的家庭带来了很大的帮助。从我的安宁疗护经验来看,二姐走得非常安详。虽也有遗憾,那就是她希望能够活得更久一些,但在她生命的最后一程,她的心事已了。坦白讲,二姐的离去让我明白了很多,对我自己来说是一份在痛苦中的成长。我知道我的大家庭将面临什么样的冲击,也知道怎样做可以让她走得安心。

我的二姐生前和父母进行了很好的告别。他们双方都做了自己想做的事。

在这本书开头,我给二姐写的那封信在网络上发表之后,很多网友发来安慰,与我交流。母亲看了之后对我说:"你二姐这辈子就是一个普通工人,有那么多人祝福她,她真幸福。"

有些人去世之后,周围的人会告诉他的亲人不要再想念他,将他的东西都烧掉,改变一下家里的环境。这是不对的,甚至很残忍。在日常生活中,我从来没有觉得二姐真的离我们而去,该谈起她的时候我们还是会照常谈及。在她过生日的时候,全家人也会聚在一起,给她放一副碗筷,就好像她还在我们身边一样。

亲情怎么会扯得断呢?亲人离世,我们怀念他最好的方式就是像他还在世一样去谈论他,让他逐渐融解到我们的生活中去。

有时我会自己待着,回忆二姐仍然在世时的温暖场景,她仿佛一直陪伴着我。随着时间的流逝,我的哀伤情绪却也渐渐与我的日常生活融为一体了。我知道,这代表着我的哀思有了一个去处。作为医生,我在处理医患关系中不断成长;作为二姐的弟弟,我也在对她的怀念中渐渐成长了。

说　明

　　感谢本书案例中涉及的每一位患者及其家庭，全部内容的呈现已取得当事人的同意，必要处也已做隐私处理。